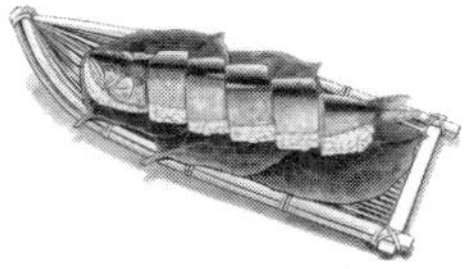

香り立つ究極の推しメニュー

文人・文士・食通が綴った

絶品あゆ料理

—ワタ・身・子・骨・頭・香り、すべてを愛す—

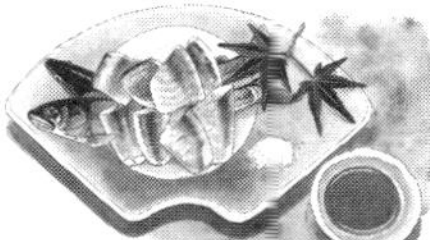

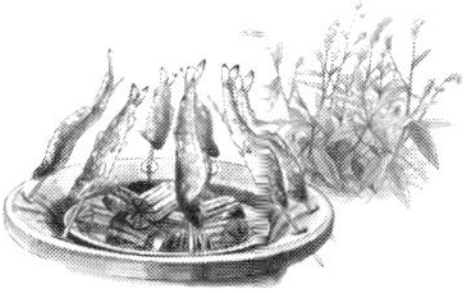

世良康

つり人社

目次

イラスト　佐藤忠雄

まえがき

動物行動学の入門書の古典といわれ、アユ釣りファンにはアユの生態をよく知るためのバイブルとされる宮地伝三郎著『アユの話』（岩波新書／昭和36年6月初版発行）の冒頭部分は、アユの「味」の話から始まっている。

宮地伝三郎（１９０１～１９８８）は動物生態学者で当時京都大学名誉教授。その本の冒頭はこうである。

「ジョルダン博士は世界を歩いた著名な魚類博士で、日本の魚類についてもすぐれた研究業績をのこしているが、淡水魚の中で第一の美味は北アメリカの太平洋岸の川にのぼってくるユウラカン（Eulachan）で、アユは第二位、といったという話が伝えられている」

数ある淡水魚のなかで、アユは世界で2番めに美味しい魚だというのである。

ジョルダン博士について調べてみると、１８５１年米国生まれの生物学者で、名門スタンフォード大学の初代総長の経歴をもち、明治時代の終わりごろに魚類調査のために来日するなど日本の魚類研究にも多大な貢献をした人物。

国際的な魚類学の権威から、アユの味が高評されたわけだから、素直に喜んでいいはずだが、宮地伝三郎は1番でないことが気に入らない。それで、次のように続けている。

「これは（ジョルダン博士）の愛国心を加味した発言ではないかと、わたくしはひそかに思っている」

そして、わが日本のアユの味を次のように激賞する。

「にがみをもったその風味を知るものにとっては、アユは、〝世界の川魚の王〟といいたいところである」

日本人は、サクラの花と同じように、多くの人がアユの姿や味に対して特別な愛着を持っているようである。

ところで、私がアユを食べて、初めて「美味しい」とその味に感動したのは、まだダムのできる前の奈良県吉野川川上地区の旅館での塩焼である。それまで何度か塩焼は食べているが、ほとんどが養殖もので、アユの味よりも焦げ味と塩味の記憶しかないような状態で、香りの美味など感じようもないものであった。だから、仲居さんから「天然アユです」といってだされたときは、「おお、天然か」とちょっとかしこまったものである。

まず、はしで背肉をつまもうとすると、同席の先輩が、「天然はな、内臓が旨いんだ。はしなど使わず、手に持っていきなり腹からカブリつくもんだ」といわれて、恐る恐るその通りにした。当初、苦味が口に残ったが、「その苦み走った味が一人前の男になるための登竜門だ」などといわれ、2尾、3尾と食べ進むとその苦味が、やがて適度に焼けた皮の香ばしさと混じり合い、さらに白い身肉の衣擦れのようなすべらかな爽味と甘味が加わって、なんともいえない余韻の残る味わいに変わっていくのだった。

その後、いろいろな川でアユを食べたが、和歌山県の熊野古道・近露の民宿でだされた「鮎めし」が記憶に残る。宿は温泉を持ち、その源泉を使った温泉鍋が名物。また宿のすぐ前を日置川が流れている。「鮎めし」はこの日置川のアユの炊き込みご飯。素焼きのアユを炊き込み、食べるときはアユの身肉をほぐしてご飯と混ぜ合わせる。ここまでは、普通のアユの炊き込みご飯と変わらないが、これを名物の温泉鍋の残りのスープに入れて、アユ飯にして食べさせてくれるのだ。この源泉は、ナトリウム—炭酸水素塩—塩化物鉱泉で、主人のいうには、「肉や魚などをおいしくする魔法の水」。魔法により、アユの香気はより高まり、身肉の味わいは一層深くなって、何回もお代わりしたくなる、まさに魔法の味だった。

最近では、京都祇園の石塀小路の割烹で味わった塩焼が見事だった。

店の主人は、自らサオをもって安曇川水系のアユを釣り、これを客に振る舞うのだが、その演出がお見事。まず釣りたての生きているアユを客に見せ、すばやく踊り串を打って、握り塩をパラパラッと振り落とし、熾火《おきび》状態の備長炭の周りに立てていく。

その後、洗いや押し寿司、ウルカなどのアユ料理が供されるのだが、踊り串のアユはカウンターの隅の客から見える位置で、備長炭にあぶられ、焼きがゆっくりと進行している。まずヒレがピンと立ち、皮に焼き色が浮き出てくる。カッと開いた口からは串を伝って透明な脂が雨垂れのように流れ落ちる。熱であぶられた魚体の内部からは、淡い煙のような湯気がゆらゆらと立ち昇り、同時に放たれる豊潤な香気が店内にじわじわと充満してくる。その塩焼が焼きあがるまでの一部始終を、目と鼻と耳と皮膚で、ライブで体感できるのである。

焼きの熟成が頂点に達した時、アユは手早く串から抜かれて器に盛られる。そして、まだ魚体から湯気が立ち昇っていて、備長炭の熱気が感じられる超レアな焼きたてが、タデ酢とともに目の前に登場するのである。

はしなど不要。30分以上かけて焼かれたアユに、頭からかぶりつくとさまざまな骨の歯ごたえや滋味がじわりと口中にあふれ、さらに胴体へと食べ進むと身肉の甘み、肝臓や胆《たん》嚢《のう》など内臓の苦味の濃淡、焦げた皮の香ばしさなどが口中で混じり合い、反目し合いしながら、辛口の吟醸酒とともに胃袋へ落ちて行く。〆は、尻尾のカリカリせんべいである。化粧塩をしていないので、おいしく味わえる。

こんな繊細微妙な味わいが、1尾の20㎝前後の小さな魚体に閉じ込められているわけである。宮地伝三郎博士は、こんなアユの味が外国人にわかってたまるかといっているようでもある。

まとまりのない「まえがき」になったが、おあとは本文で、アユの味に惚れ込んだ文人・文士・食通たちの食べっぷりをとくとご堪能いただきたい。

谷崎潤一郎

美食とエロスを探求した文豪が
賞賛を惜しまなかったアユの押し寿司
梅酢にショウガの風味がきいてうまかった

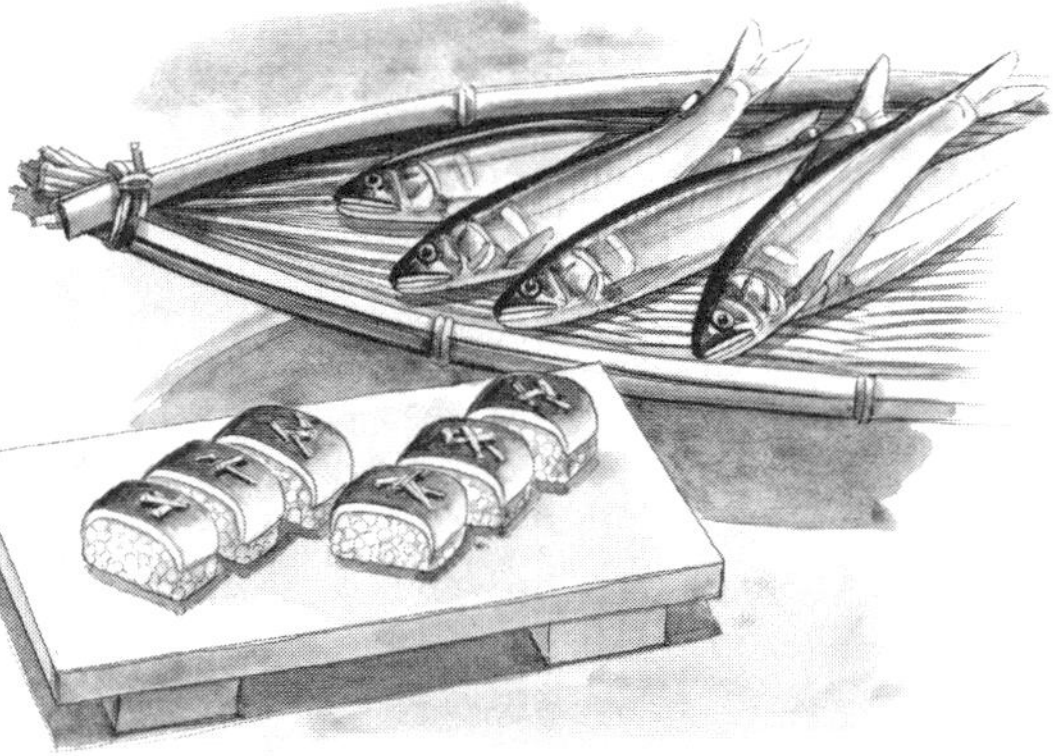

3日に1度は美食をしないと我慢ならない

「今日東京の『うまい物屋』と云へば、錦水と云ひ、興津庵と云ひ、春日と云ひ、自笑軒と云ひ、多くは上方流の料理である。純粋の東京料理で食つて見たいと思ふやうな店は一軒もない」（『谷崎潤一郎全集』第11巻「上方の食ひもの」）

東京日本橋に生まれ育った谷崎潤一郎だが、食いもののうまさに関しては上方に軍配をあげている。同じ文章の中で、こうも述べている。

「上方の鯛が関東の鯛と比較にならぬほど美味なことは東京人も認めてゐる。が、鯛ばかりでなく、鰆《さわら》でも鱸《すずき》でも蝦でも鮎でも、凡そ上方で獲れる魚は大概東京のより美味だと云へる。（中略）

牛肉は神戸を控えてゐるから、無論東京以上である。東京の肉はすき焼にすると、どんな上等なロースでも一種独特の臭ひがあるが、大阪や京都ではザラにある肉屋へ飛び込んでも、あんな臭い肉は売らない。鶏も大阪はよくないけれど、京都の鶏は甘味があつて、柔らかで、且恐ろしく安価である。

牛がよくつて、鶏がよくつて、野菜と魚がよかつたら、凡そ料理の材料は何一つとして関東の方に取り柄はないのである。そこへ持つて来て酒も上方が旨いと来てゐる」

そして、次のように結論づける。

「僕思ふに、元来東京と云ふ所は食ひ物のまづい所なのだ。純粋の日本料理は上方に発達したので、江戸前の料理はその実田舎料理なのだ」

谷崎の舌はこのように、情け容赦がない。2度目の妻は料理下手で我慢ならず、それだけが原因ではないが、結婚後わずか2年で離縁されている。

「僕は少なくとも三日に一遍は美食をしないと、とても仕事が手につかない。美食は僕の日常生活に必須条件となつてゐるのだ」というのもうなずける。

こんな徹底した美食主義者である谷崎潤一郎において、アユはいかに評価されたのか。アユと谷崎に関するそれほど多いとはいえない記述の中から、その美食観を探ってみたい。

関東大震災後、生活の場を関西へ移す

谷崎が東京から関西に移り住むようになったのは、大正12年9月1日の関東大震災に遭遇したのがきっかけである。当時、谷崎37歳。東大在学中に『刺青』で文壇に華々しくデビューーして13年が経っていた。

大地震の日、谷崎は箱根に逗留していて、その時刻にホテルから小涌谷へ向かう乗合バスに乗っていた。

「車が烈しく飛上がつたかと思ふと、左右にひどく揺れはじめた。大波にゆられてゐる小舟に乗つたやうな気持であつた」（「週刊朝日」大正12年9月9日発行号）

急峻な箱根の峡谷の道路の左右の森が大きく揺れ騒ぐ中、運転手が全速力で前進。平地になったところで振り返ると、「今通つた山峡の地は、両方から岩石が落ちかゝるやうに峙してゐる処である。グヅグヅしてゐたら無数に落下した岩石に打たれて、皆が惨死する処だつた」（同）

まさに、千古未曾有《せんこみぞう》の大地震に遭遇し、九死に一生を得た。

余震は絶え間なく続き、このまま箱根にいては危険。東京は全滅の噂。そこで、箱根から三島へ一気に逃げ下る。その「途中百姓家で水と黄蜀黍《とうもろこし》」を1つもらい、三島でやっと「拳大の握り飯を」2個食べ、最後は汽車に乗ってほうほうのていで大阪まで避難。

3日に1度は美食なしには仕事も手につかないと言い放つ文豪も、この避難中に食べたトウモロコシと握り飯2個の粗食の味わいは、分厚いビフテキに勝るものだったであろう。

「微弱な地震でも、それを感じた時には気分がわるくなつて二三時間は何もする気になれない」というほど地震恐怖症の谷崎は、それを機に、住まいを関西に移すことになった。

芦屋（兵庫県）、東山三条（京都府）、神戸（兵庫県）……。目まぐるしく転居し、上方の暮らしになじみ、女性になじみ、各地のうまいものを食べ歩くうち、その文化風俗や料理を絶賛するようになる。それが、冒頭の東京の貧弱な食文化への辛辣な批判につながったようである。

やがて、谷崎の京料理を中心にした美食に対する興味は、谷崎独自の文学的な到達点ともいうべき至高の性《エロス》への執着と重なり合い、もつれ合い、溶け合いながら、『痴人の愛』『蓼喰ふ虫』『卍』、そして最晩年の『鍵』『瘋癲老人日記』へと、美しくも妖しく不可思議な魅力を秘めた文学世界へと昇華していったのである。

『過酸化マンガン水の夢』で描いた美食とエロス

そうした谷崎の美食と性の世界を象徴するのが、後期の短編『過酸化マンガン水の夢』である。

この作品は日記のような体裁を保ちながら進む。

炎暑の8月8日、谷崎は愛妻の松子らを伴って当時居住していた熱海から東京へ遊びに行く。目的は、ストリップショーの見物と美食である。白昼堂々、夫人を伴ってストリップ見物とは異様であるが、文豪も夫人も平気である。むしろ、夫人のほうが「連れてつて頂戴よ」とねだったのだ。谷崎は、このステージで踊る「春川ますみ」というストリッパーに目を奪われた。

春川ますみは、豊満な肢体と愛嬌のある表情・仕草が魅力で、当時浅草ロック座から日劇に移ったばかり。後に映画女優に転身し、貴重なわき役として活躍する。

東京に1泊して、翌日は映画を観るなどして、夕食は贔屓にしている「大丸地階の辻《つじ》留《とめ》」である。本店は京都で、谷崎の上方時代からのお気に入り。その後、銀座店もオープン（昭和31年10月）したが、その際、次のような祝言を書き残している。

「辻留の料理はすでに定評のあるところだから、今更推奨する迄もないが、京洛の四季折々の風趣を東京にゐて味はふことが出来るのを、私は今から楽しみにしてゐる」

熱海にこもりっきりで原稿用紙と格闘していて美味いものに飢えていた文豪は、辻留の上方料理が待ち遠しくてたまらなかった。

「分けても、目下食べたいのは鮎と鱧《はも》なり」とつづり、「熱海の夏は鰹と鮪には不自由しないが、鮎は早川と狩野川のものにて、到底保津峡の鮎のやうなわけにはいかず」と熱海で食べる早川（神奈川県・小田原）や狩野川（静岡県・狩野川）のアユの味に不満を述べている。

アユと並ぶお楽しみが、辻留名物の「牡丹鱧」である。

これは「鱧の肉を葛にて煮、それに椎茸と青い物を浮かした辻留得意の吸物碗にて、日本料理の澄まし汁としては相当濃厚で芳潤な感じのものなり」。ハモはもう1品「つけ焼」もでた。

そして献立の終盤近くになって、アユの塩焼の登場である。

「京より取り寄せた鮎の大きいのがありますからとてその塩焼に蓼酢《たです》を出したが、これは全く予期しなかつた珍味であつた」

まさか東京で保津川のアユ、しかも脂の乗った盛夏の型物にありつけようとは僥倖の極みだった。その芳しい味わいをタデ酢のピリ辛がチクリと刺激する。おそらく、2尾、3尾と所望したに違いない。谷崎は、久々に京の夏のご馳走をたらふく食らって、心底満足した。

熱海に帰り着いたのは夜遅くであった。谷崎は、春川ますみという女体に遭遇した興奮と、ハモやアユを食べ過ぎたために胃が張って、寝苦しさに苛まれた。そこで、睡眠薬を数錠飲んで床へ入り、ゆっくりと「半醒半睡の境」へ落ちてゆく。

「(谷崎は)彼方へ寝返り此方へ寝返りして睡眠薬が早く利いて来るやうにと願ひながら、昨夜の牡丹鱧のことを考へてゐた。鱧の真つ白な肉とその肉を包んでゐた透明なぬる〳〵した半流動体。それがまだその姿のまゝで胃袋の中で暴れてゐるやうに思ふ。鱧の真つ白な肉から、浴槽の中で体ぢゆうの彼方此方を洗つてゐた春川ますみの連想が浮かぶ。葛の餡かけ、……ぬる〳〵(同)した半流動体に包まれてゐたのは鱧ではなくて春川ますみ……」

ぬるぬるの吉野葛に包まれたハモの白い肉塊が、春川ますみの豊満な白い肉体に変幻していく世界は、まさに美食とエロスがぬるぬるに溶け合う出色の官能表現といえるだろう。

また、昭和36年11月〜翌37年5月に雑誌「中央公論」に連載された『瘋癲老人日記』では、若い嫁の颯子の食べ残したアユの塩焼が、瘋癲老人の歪んだ性を満足させる小道具として使われている。すなわち、颯子は老人が大好きなアユの塩焼を、「ワタシハオ魚ヲ食ベルノガ下手デスカラ」とワザと食い散らかす。すると、瘋癲老人は待ってましたとばかりに、若い嫁の食べ残しを、嬉々として腸まで食いつくし、骨までしゃぶりつくす。

そこには、汚いとかいやらしいといった雑念を超越した、大らかであっけらかんとした性的なユーモアの世界が現出している。

谷崎・志賀、そして福田蘭童

先の『過酸化マンガン水の夢』の初出は昭和30年11月1日発行の「中央公論」70周年記念11月特大号。谷崎はそのほぼ1年前に、京都から熱海の別荘（後の「雪後庵」）へ移っている。70歳の老境がせまる中、谷崎は高血圧症を発症し、また京都の夏の暑さと冬の寒さが老体に耐えられなくなって、気候温暖な熱海へ引っ越したのである。熱海は、海の幸・山の幸・川の幸にも恵まれて食べものに不自由しない。ただ、そうはいっても、やはりそれらの味わいは京都や神戸など上方のそれとは比較できない。

ところがこの熱海で、谷崎がそれまでさんざんけなしてきた関東の魚の味の中で、「うまい！」と称賛した数少ない料理があった。それは、福田蘭童オリジナルの「アユの押し寿司」である。

福田蘭童は『海の幸』で知られる洋画家青木繁の遺児。長じて尺八の名手となり、昭和30年前後にラジオや映画で人気を博した『笛吹童子』の主題歌作曲など映画界で活躍。釣りの名手でもあり、井伏鱒二や開高健ら多くの釣り好き文士や文化人と交遊。また、麻雀や料理などの腕もプロ顔負け。多彩な趣味と多彩な人脈を持ち、面倒見のいい男でもあった。

蘭童著『志賀先生の台所』という随筆集に、その蘭童のアユ寿司と谷崎の話が載っている。それによれば――。

谷崎は熱海移転に際して、新たに女中を雇う必要に迫られ、熱海稲村の大洞台に住む敬愛する先輩作家志賀直哉に相談する。すると志賀は、熱海の隣の湯河原住まいの福田蘭童に話をもっていったのである。熱海と湯河原は隣町であり、二人はお互いに自転車で行き来する間柄であった。

二つ返事で受けた蘭童だが、当時の文壇の雄である谷崎家のお女中となれば、相応の教養や器量が求められる。そこで蘭童は、東映の女優高千穂ひづるを同道して、引っ越し前の京都の谷崎邸へ参上する。高千穂ひづるは蘭童が音楽を担当する映画『笛吹童子』のヒロインを演じていた。

「『お手伝いさんは何人ぐらい必要なのでしょうか?』

高千穂くんが、小声できくと、(谷崎)先生は、

『あなたが推薦される女性でしたら何人でもけっこう……』」

話はとんとん拍子に進み、高千穂ひづるの紹介で2人の女中が雇われた。

その引っ越しの後、福田蘭童は女中たちのようすを見に、熱海市伊豆山鳴沢の谷崎潤一郎邸を訪問。このとき蘭童は、「アユの押し寿司」をつくって持参したのだった。

この寿司は蘭童の住む湯河原(神奈川県)と谷崎邸や志賀邸のある熱海(静岡県)との境界を流れる千歳川で自ら釣った天然アユを押し寿司に仕上げたもので、志賀も、その知人の洋画家安井曽太郎も「非常にうまい」と太鼓判の味だった。

ところが、あいにく谷崎は留守。やむなく、女中たちに言づけて邸を後にする。

「数日して、谷崎先生からお手紙をいただいた。釣りたてのアユずしはショウガの香りがきいていてうまかった」とあった。天下の美食家に賞賛され、蘭童は鼻高々だったろう。

釣りアユと、梅酢と生醤油とショウガの妙味

蘭童の『志賀直哉の台所』には、谷崎を感動させた「アユの押し寿司」のつくり方も簡単に記されている。

「釣りたての小鮎を三枚に下ろし、三十分ほど梅酢につけておき酢飯を型にいれ、生じょう油を表面にぬり、その上に小鮎を並べて横に切る。これが、わたしの得意とする即席料理の一つなのです」

千歳川は小河川なので、長ザオを使う友釣りは不向きで、蘭童は毛バリでの流し釣りやドブ釣りでアユを釣ることが多かった。毛バリで釣れるのは10数㎝ほどのアユがほとんど。この天然遡上の小アユを器用に3枚におろし、その身を梅酢に30分ほど浸し、その間に酢飯をつくって押し寿司の木型に詰め込む。

そして、木型に詰め込んだ鮓飯の表面を平らにして刷毛などで生醤油を塗り、その上に梅酢に浸したアユの身をすき間なく並べて押し蓋をかぶせて押す。これを型から抜いて、包丁で切り分けて食す。釣り自慢・料理自慢の蘭童が腕によりをかけた1品なのだ。

この味の要諦は、普通の食酢ではなく「梅酢」にある。

梅酢は、梅干をつけた後の漬け汁である。食酢に比べて味が濃い。蘭童はさらに、これに「すりショウガ」も加えて風味をより豊かにしている。そして、こうもいう。

「アユはタテ酢（注＝タデ酢のこと）よりも、酢ショウガのほうがうまいと思いますよ」と。

この酢ショウガは、木型に酢飯を詰め込んで表面を平らに整えたところへなすりつけるように塗る。このひと工夫、ひと手間が「ショウガの香りがきいていてうまかった」と文豪の舌を唸らせたわけである。

「アユは夕デ酢」という常識に対して、「酢ショウガのほうがうまい」と〝夕テつく〟蘭童の自由な発想は、たたき上げの料理人には理解しがたいだろう。

谷崎潤一郎の昭和6年の著作に『吉野葛』という中編がある。舞台の吉野（奈良県）の里には、柿の葉寿司という郷土の寿司が伝わっている。もちろん上方好みの谷崎の大好物の1つである。だから、関東でこの蘭童流の押し寿司を口にした谷崎は、ある種の懐かしい味を思い起こしたに違いない。押し寿司というのは、江戸前のさらっとした味わいの〝握り〟に対して、強くて奥深い滋味が身体に沁み入ってくる。

ところで、谷崎潤一郎の著作を読み漁っていると、彼のこんな俳句に突き当たった。

《羞らひて鮎の鮨喰ふ女かな》

これは、『A夫人の手紙』と題する終戦直後に書かれた反戦色の濃い短篇の末尾に添えられた句。「三年前岐阜へ旅行した時、車中所見」と前書きにある。調べたところ、谷崎が昭和16年7月末に岐阜県郡上八幡を旅行中、当時岐阜駅で販売されていた長良川の名物駅弁「鮎寿司」を食べる女性の光景を詠んだものであることがわかった。年若い女性が車中で駅弁を食べるのは、当時ははしたないことだった。そのようすを「羞らいて」と表現。この言葉が、アユ寿司の清純無垢な味わいと共鳴し合い、ほっと心が和んでくる。

戦時だが美食を忘れなかった谷崎は、ここ郡上八幡の宿で長良川のアユを堪能したことだろう。

※主要参考文献
・『谷崎潤一郎全集』全26巻（中央公論新社）のうち、第7巻所収「美食倶楽部」、第11巻「上方の食ひもの」、第14巻「蓼喰ふ虫」、第15巻「吉野葛」、第17巻「蘆刈」「陰翳礼賛」、第22巻「過酸化マンガン水の夢」「A夫人の手紙」、第25巻「美女礼讃」、第26巻「年譜／索引」、ほか
・『ちくま日本文学全集／谷崎潤一郎』（筑摩書房）
・『谷崎潤一郎文学案内』（千葉俊二編／中公文庫）
・『谷崎潤一郎随筆集』（篠田一士編／岩波文庫）
・『食魔　谷崎潤一郎』（坂本葵／新潮新書）
・『わが釣魚伝』（福田蘭童／二見書房）
・『随筆　志賀先生の台所』（福田蘭童／現代企画室）
・『釣りの名著50冊』（世良康／つり人社）
・その他、柿の葉ずし「平宗」のホームページなど

◎谷崎潤一郎（1886～1965）

東京日本橋生まれ。東大国文科在学中に『刺青』『麒麟』を発表して注目される。以後、『卍』『春琴抄』などスキャンダラスな作品で脚光を浴び、長編『細雪』でゆるぎなき文学の高峰へ登り立つ。最晩年の老人の性を赤裸に描いた『鍵』『瘋癲老人日記』。また、『源氏物語』の現代語訳、一般読者向けの文章作法『文章読本』なども。

池波正太郎

荒川のほとり、寄居・京亭の鮎飯
「鮎の芳香が飯に移って、実に旨い！」

酒食のシーンは季節感をだすため

「私が書いている時代小説に、登場する人びとの酒食のありさまがよく出てくるのは、一つは、季節感を出したいからなのである」（「小説の中の食欲」より）

池波正太郎の作品中には、たびたび食事や酒席のシーンが登場するが、それは食材や料理を登場させることで、物語に季節感をだしたいためだという。

たとえば、老剣客・秋山小兵衛と息子の大治郎らが活躍する『剣客商売』七巻に収録の「大江戸ゆばり組」の中の、こんなシーンだ。

「ひとしきり打ち合せをすましたのち、酒になった。

肴《さかな》は湯豆腐である。

土鍋《どなべ》に金杓子《じやくし》で削《そ》ぎ入れた豆腐へ大根をきざんでかけまわしてあるのは、豆腐をやわらかく味よくするためで、煮出は焼干の鮎《あゆ》という、まことにぜいたくな湯豆腐だ。（中略）

四谷の弥七が目をかがやかせて、

『これはどうも大先生（著者注＝主人公・秋山小兵衛のこと）。大変なご馳走《ちそう》でございますねえ』

『梅雨の冷えどきには、湯豆腐もいいものじゃよ』」

湯豆腐は冬の鍋料理であり、昆布だしがつきものである。しかし梅雨どきに昆布だしの湯豆腐では、季節感がぼやけてしまう。そこで池波は、焼干のアユでダシをとるという放れ業を繰り出した。焼干は、魚の内臓をとって素焼きにして干したもの。普通は水で戻して煮浸しなどで味わうが、これをダシに使うことで、湯豆腐から立ち上る湯気に、アユという夏の香りを隠し味として忍ばせたわけである。

長雨の続く梅雨寒の一夜、鍋の中で騒ぐ豆腐を杓子ですくうと、ひときわ湯気が立って、ふわっと温かいアユの香気に包まれる。その湯気に頬をくすぐられながら、ぬる燗を飲《や》る。聞こえるのは、降りやまぬ雨音……。まさに名人芸だ。

ところで、時代物作家・池波正太郎の3大長編シリーズといえば、この『剣客商売』と、『鬼平犯科帳』、『仕掛人・藤枝梅安』である。いずれも斬るか斬られるか、死ぬか生きるかの命をかけた剣や仕掛けのやり取りが展開するが、そうした凄絶で、殺風景な物語の中に、食べるという生活の営みがひょっこり顔をだすと、その血なまぐさい印象がほっと和らぐ。

明日は人を殺めるかもしれない人間、はたまた斬られる運命にあるやもしれぬ人間が、軍鶏《しゃも》鍋をうまそうにつついたり、茶店でひと休みしながら田楽や団子を頬張ったりする。池波は「食べる」というエッセイの冒頭で、その深刻な意味を次のように書いている。

「人間は、生まれると同時に、確実に［死］へ向って歩みはじめる。その［死］の道をつつがなく歩みきるために、動物は食べねばならぬ」と。

つまり、動物は［死］にいたる時間をつつがなく過ごすために必死に食べる。しかし脳の発達した人間は、生きるためではなく、死ぬために食べるという残酷な逆説に気づいて、食べる意味を失ってしまう。そこで人間は、種の存続のために、動物にはない特権を持つに至った。

「人間という生き物を創りあげた大自然は、他の生物とは比較にならぬ鋭敏な味覚を付与してくれた。

これがために、人間は多種多様の食物《たべもの》を生み出し、多彩な料理法を考え出した。

『うまい』

と、好みの食物に舌つづみを打つとき、人間は完全に、いま、食事をすすめている一刻一刻が、死に向って進みつつあることを忘れきっている」

人間の生と死の狭間にある「食べる」という行為は死を忘れさせ、生きる力になっている。それはつまり、鋭敏な舌があってこそというわけである。空腹だから食べるだけではなく、人間は神から与えられた鋭敏な舌によって美食の楽しみを知り、それは、もっと旨いものを食べたいという欲望を喚起させ、それがとりもなおさず人間の進歩につながっている。

町中を食べ歩きながら人間や世情を観察

池上正太郎は、物心ついたころから、食べることに熱心であった。

映画評論家であり、グルメエッセイも書いた荻昌弘（1925〜1988）と池波との対談にこんなくだりがある。

「**萩**　それにしても、子供の頃、今夜はすきやきというと嬉しかったですね。

池波　すきやきとは言わない。牛鍋ですな。（笑）そりゃ嬉しいですよ。十日に一ぺんぐらいしかやってくれませんから。だから、その頃小遣いをもらいましょう。（中略）たいてい他の子供は、そこでメンコ買ったりベーゴマ買ったりしちゃう。でも、ぼくは貯めておくんですよ。貯めといて、上野の松坂屋の食堂へ行って、ビフテキ食ったりね、一円五十銭の。で、牛肉が食いたい時は浅草へ行って、屋台で牛丼食うんですよ。牛飯ね。それが、［ナナ］という広小路のカフェーの前に出ている牛飯屋がありました。他が十銭の時十五銭だった。評判の店でね、エノケンなんかもよく一緒に食ってましたけどね」（荻昌弘『快食会談』より）

こんな調子だから、隣で食ってた、当時人気絶頂の喜劇役者エノケン（榎本健一）もさすがに気に障ったようで、「『なんだ一人で来て、子供のくせに生意気だ、この野郎』とか言って……。（笑）」というオチがつくのである。

上野松坂屋のビフテキは、前出のエッセイ「食べる」にも載っている。

「かねてから食べたい食べたいと念願していたビーフ・ステーキを、上野広小路の松坂屋の食堂へ食べに行ったものだ。

食券を売っている女店員が、

『お母さんは来ないの？』

と、問いかけたことを、いまもおぼえている」

10歳前後の小僧が1人でビフテキを食べにくるなんていうのは、昔も今もなかなか目にする光景ではなかろう。ほかにも、

「どこだったか、おぼえていないが、何か食べに出かけ、その店の女中に、

『お父さんといっしょに、いらっしゃいね』

ことわられたおぼえがある」

こんなひねた食いしん坊は、小学校を卒業するとすぐ、株屋に働きにでた。12歳にして、日本橋兜町で株式取引に携わるようになった。とはいっても、まだ小僧であり、仕事は小間使い程度。しかし、使いにでると客からチップや小遣いがもらえ、これが給金を上回るほどだった。このあぶく銭で好きな映画、観劇、読書などに励み、またあちこちを食べ歩いた。戦前戦中の食べ物の乏しい時代に、池波はせっせと舌を鍛え、胃袋を満たしていた

のである。

そのころのエピソードを１つ。

「（さくら鍋の）［みの家］だったか（どぜう鍋の）［伊せ喜］だったか、よくおぼえていないが（中略）、若い女中が恋人の苦学生がやって来ると、店の人たちにわからぬよう、そっと握り飯をつくって新聞紙へ包み、

『ねえ……夜半《よなか》に、おあがんなさいな』

と、わたしているのを見たことがある。（中略）

いまだに、その女中の顔と、苦労をしながら大学に通っている青年の顔をおもい出すことができる。

『だめよ、たんと食べなくちゃあ……』

『うん……』

などと、ひそかに、あわただしくささやきかわしていた。あの若い二人は、いまも元気でいるだろうか」（「深川の二店」より）

まさに、色恋をテーマにした人情ものの典型がここに展開されているではないか。もはや、池波は単なる食いしん坊ではない。昼夜構わず町中を食べめぐりながら、その目や耳を絶え間なく働かせて、世情の片隅で日々繰り返されている庶民の日常の悲喜劇に鋭敏に反応していたことがわかる。

取材旅の宿で出合った懐かしい味

戦後、昭和23年。25歳のとき、文学上の師となる長谷川伸と出会い、その門下に入る。芝居の戯曲から出発し、徐々に小説家として頭角を現わし、昭和32年に「オール讀物」に発表の『錯乱』で直木賞受賞。

その後、先に挙げた三大シリーズの連載が始まり、これらの業績が評価されて昭和52年に吉川英治文学賞受賞。その年の11月26日から、『忍びの旗』という戦国忍者小説の連載が読売新聞夕刊でスタート。

この執筆にあたり、池上は前半の主要舞台となる武州（埼玉県）の鉢形《はちがた》城址を取材するために、荒川中流域の城下町寄居に宿をとった。その宿で、文豪は忘れかけていた懐かしい味に出合う。食と旅の随筆集『よい匂いのする一夜』の中の「寄居　京亭」にそのことが書かれている。

「私が泊った旅館［京亭］は、荒川をへだてて鉢形城址をのぞむ絶好の場所にあった。

（中略）

もともと、旅館をするために建てたものではない。美しい庭から、真正面に鉢形の断崖をながめつつ、鮎でビールをのんでいると、旅館に泊まった気がしない。

まるで、自分の別荘へ来ているような気分になる」

京亭は、もとは先に登場のエノケンも活躍した浅草オペラの創始者であり、『君恋し』「祇園小唄」などの作曲家としても知られる佐々紅華《さっさこうか》の住まいだった。意匠を凝らした風雅な建物や庭が日常を忘れさせ、「自分の別荘へ来ているような気分になる」というのもうなずける。

季節は6月、アユ釣りが解禁してまもなくだ。1日目の取材を終え、宿に入ってひとっ風呂浴びる。浴衣に着替えて、荒川の若アユの背越しや塩焼をつつきながら、よく冷えたビールをあおる。

「最後に、鮎飯が出た。これは、ちかごろ、めずらしい。むかしは、玉川の岸辺の料亭でよく食べたものだが、私にとって、戦後はじめての鮎飯だった」

戦前の食べ歩き時代に、池波は横浜方面にも通った。その途中に多摩川があり、シーズンになると天然アユが遡上し、川畔には活アユを食わせる店の幟《のぼり》が立った。そのころ食べたアユ飯についての池上の記述は見当たらない。が、『鬼平犯科帳』の中の「さむらい松五郎」（初出「オール讀物」昭和51年6月号＝鉢形城の取材の約1年前）に次のような文がある。

「玉川から漁《と》れた鮎の膾《なます》が酒と共に運ばれて来た。

［伊勢虎］は、（中略）夏は、玉川の鮎を生簀《いけす》に放しておき、いろいろに料理して食べさ

せる」

（中略）

はなしがすんでから、伊勢虎名物の［鮎飯］が出た。

醬油の淡味《うすあじ》をつけた飯がふきあがったところへ、頭をとった新鮮な鮎を突き込み、尾先から引き出して骨をぬき、飯の中へ残った魚肉をかきまぜ、飯茶わんへ盛って出す」

これが、昔の食べ歩き時代に食べた伊勢虎流である。

では、今回の京亭流のアユ飯とは。

「鮎を、まるごと、味をつけた飯の上へのせて蒸らし、食べるときは魚肉をほぐし、飯とまぜ合わせて食べる」

アユの頭をとり除くか、１尾丸ごと使うかの違い程度である。江戸期から続く〝鮎飯〟の食べ方といえよう。近年、川の水はダム建設などで清冽さを失い、堰堤や河口堰が造られるなどで、天然遡上アユは激減。スーパーに並ぶのは、ほぼ１００％養殖ものである。これでは、生のアユを炊き込んだり、蒸しても、その香味は天然ものとは程遠い。そのため、養殖のアユをまず香ばしく焼いてから炊き込むことになる。これでは、アユ本来の繊細なかぐわしさはのぞむべくもない。

さて、京亭のアユ飯の味はどうか。池波の筆は簡潔明快にこう表現する。

「鮎の芳香が飯に移って、実に旨《うま》い」

この、芳香こそが、天然アユの味の真髄なのである。香りが、旨いのである。

翌日、朝風呂の後、庭で涼んでいると、「釣人たちが荒川へ入って、アユを釣っている」光景を目にする。そのとき、昨夜のアユ飯の香りが、清冽な川風とともに文豪の鼻先をかすめたことだろう。

塩焼は焼きたてにかぶりつくのが一番

また、アユについてこんな文章がある。

「魚の塩焼きといえば、何といっても鮎だろう。ただし、焼きたてを、すぐさま頬張らぬことには、どうにもならぬ。出されたのを、そのままにして酒をのみながら、はなし合っていたりしたら、その隙に、たちまち味は落ちてしまう」(『江戸前　通の歳時記』に収録の「[六月] 鮎《あゆ》とさくらんぼ」より)

そして、近江・八日市の老舗高級料亭「招福楼」のもてなしを称賛する。そこでは、「客座敷の庭に面した縁側へ炭火の支度をして、料理人が鮎を焼き、焼いたそばから食べさせる。

あまりに旨いので、

（もう少し、食べたい……）

思う途端に、こちらの胸の内を見通したかのように、おかわりの鮎が運ばれてくる」

さらに、こう続ける。

「魚を食べるのが苦手な私だが、気ごころの知れた相手との食膳ならば、鮎を両手に取って、むしゃむしゃとかぶりついてしまう」

盛夏のアユは、清流の女王といわれるように、生気に満ちて艶めかしいほどに成熟している。これにかぶりついていると、いつしかよからぬ想念に迷いこむ男もいるようだ。

「その香気。淡泊の味わい。たおやかな姿態。淡い黄色もふくまれている白い腹の美しさを見ていて、

『ああ……処女を抱きたくなった……』

突如、けしからぬことを叫んだ男が、私の友だちの中にいる」

確かに、夏の盛りのアユは、男たちの官能を狂わせる魔味を秘めている。

1杯のかき氷で戦後の復興を予感

池波の没後に編まれた『池波正太郎の春夏秋冬』に「復員後の焼けあとで」という、わ

ずか文庫本1ページほどの珠玉の短編が収録されている。アユの話ではないが、池波の独特の味覚からくる感性が読みとれる興味深い一編なので紹介したい。

敗戦後、米子（鳥取県）の海軍航空隊基地から東京・浅草へ復員してすぐの、残暑厳しい9月の午後のこと。『兄さん、氷を売っているよ』と弟が駆けこんできたところから、それは始まる。

氷屋は焼け跡の一角にあり、「家というよりも、犬小屋のような」掘っ立て小屋でかき氷をつくっていた。「掻き氷ともおもえぬ高価な氷だったが、人びとは列をつくった」とあるから、高価ではあったが人々の食欲は旺盛で、長い行列ができていたということだろう。

炎天下、2人もその列に並び、やっと自分たちの順番がきた。

「氷苺《いちご》を口へ入れたとたんに、私も弟も、涙が出そうになった。苺のシロップはヤミで仕入れたものだろうが、たとえようもなく甘かった。この世のものとはおもわれぬ、その甘さは、四十二年前の日本を知らぬ人には到底《とうてい》わかるまい。

子供のときから、夏と掻き氷は切っても切れない味覚だったが、このときほど、感銘ふかい掻き氷は、口にしたことがなかった」

焦土の東京で、兄と弟はキーンとこめかみに沁みる氷の冷たさと、口中にあふれるシロップの甘味をゴリゴリと貪る。その感動の最中《さなか》、池波は天啓を授かる。

「（もしかすると、東京は復興するかも知れない）
ふと、私はそう感じた」

1杯のかき氷を無心に貪《むさぼ》っているそのとき、突然、敗戦からの復興の予感が舌から脳へ、戦慄のように伝達される。その池波の、剣豪のごとき感覚の切れ味に、舌を巻くほかない。

※主要参考文献
・『剣客商売』第七巻「大江戸ゆばり組」（池波正太郎／新潮文庫）
・『鬼平犯科帳』第14巻「さむらい松五郎」（池波正太郎／文春文庫）
・『忍びの旗』（池波正太郎／新潮文庫）
・『よい匂いのする一夜』（池波正太郎／講談社文庫）
・『食卓のつぶやき』（池波正太郎／中公文庫）
・『江戸前　通の歳時記』（池波正太郎著・高丘卓編／集英社文庫）
・『鬼平が「うまい」といった江戸の味』（逢坂剛・北原亞以子＝文、福田浩＝料理再現／ＰＨＰ研究所）
・『池波正太郎の春夏秋冬』（池波正太郎／文春文庫）
・『青春忘れもの』（池波正太郎／新潮文庫）

・『剣客商売　包丁ごよみ』（池波正太郎／新潮文庫）
・『剣客商売読本』（池波正太郎ほか／新潮社）
・文芸別冊『池波正太郎／没後30年記念総特集／増補決定版』（雑誌『文芸』編集部編／河出書房新社）
・『快食会談』（荻昌弘／旺文社文庫）

◎池波正太郎（1923～1990）

東京浅草生まれ。小学校卒業後、株式仲買の松島商店に奉公。客のチップなどを資金として都内、及び近郊を食べ歩く。戦後、都の職員となりDDTなどの散布作業に従事。そのかたわら、新聞社などが募集する演劇の脚本に応募。舞台の戯曲で名をあげて後、小説家を志す。1960年『錯乱』で直木賞受賞。『鬼平犯科帳』『剣客商売』『仕掛人・藤枝梅安』などを矢継ぎ早に連載し、時代物作家の第一人者となる。没後30余年、その人気は衰えを知らず。

村井弦斎

『食道楽』の作者が指南する
文明開化のアユ料理。
洋風あり、和風ありと驚くほど多彩

忘れられた明治のベストセラー作家

長い間、村井弦斎は明治時代に出版された『食道楽』の著者という以外、その情報の多くはほとんど時の堆積の中に埋もれてしまっていた。これを緻密な取材で掘り起こしたのは、ノンフィクション作家黒岩比佐子（1958〜2010）である。彼女の著作『「食道楽」の人　村井弦斎』（2004年6月、岩波書店発行）によれば、「村井弦斎はその六十三年の生涯で、約四十の主要な小説と約二十の短篇、その他に多数の随筆や評論」を書き残しており、明治時代を代表する小説家の1人だったそうである。たとえば報知新聞に連載した『日の出島』という小説は、同じ頃に読売新聞に連載された〝寛一・お宮〟で知られる尾崎紅葉『金色夜叉』とともに、「大衆の人気を二分するほど」の評判を呼んだ。

『金色夜叉』は今日になおお名を残しているが、かたや『日の出島』を知る人はほとんどいない。また『食道楽』にしても、グルメブームの昨今、その題名はちらほら聞くが、では内容はといえば、それを知る者は稀だろう。

忘れられた明治のベストセラー作家村井弦斎とは、どんな人物か。

1863（文久3）年、三河国豊橋（現愛知県豊橋市）生まれ。アメリカでは南北戦争の真っ最中、日本は明治維新まであと5年という幕末の動乱期である。同じころ、坪内逍遥（1859年生まれ）、森鴎外（62年）、二葉亭四迷（64年）、夏目漱石（67年）、幸田露伴（67年）、尾崎紅葉（68年）ら、新しい時代を先駆する数多の文才たちが日本各地で産声を挙げている。

村井家は代々三河吉田藩士の家系で、父親は藩校の漢学者であった。先の黒岩比佐子の著書によれば、弦斎は幼少より勉学に秀で、維新後に一家が東京へ転居して弦斎は小学5年生へ入るが、半年余りで退学。理由は、「そこでの教育内容を寛《ゆたか》（著者注＝弦斎の本名）がすでに習得していたため、通わせる意味がない」と父親が判断したからだった。

そして、開設されたばかりの東京外国語学校（東京外国語大学の前身）のロシア語科へ12歳で入学。すると、年上の同級生を差し置いて首席を取る。しかし、猛勉強がたたってか、若くして脳病（うつ病の類）を患《わずら》って退学。その後、日本各地を放浪し、また熱海や鎌倉で転地療養を試みる。放浪の合間や療養先では、子供のころから嗜《たしな》んできた釣りで浩然の気を養い、病状の快復に努めた。

そのかいあって弦斎はまもなく立ち直り、21歳で渡米。目的は「経済学実地研究」であり、英語を学び、世界の見聞を広めることであった。

帰国後、1888年（明治21）、25歳のとき、報知新聞の客員執筆者として迎えられ、紙上で小説を連載するようになる。冒頭部分で紹介した『日の出島』は1896年に連載を開始。するとたちまち評判を呼び、休載期間も含めて足かけ6年にわたって書き継がれた。途中、順次単行本化され、最終的に全11巻13冊に及ぶ長編大作となった。それでもまだ未完というから恐ろしい。

題名の〝日の出島〟は、〝日出づる国〟日本を意味する。当時差し迫っていた日露戦争を意識した〝富国強兵空想科学発明小説〟というべき部類の本で、ＳＦ小説の先駆といえなくもない。太陽光・熱発電による無限のエネルギーで活躍する軍艦が登場するなど、当時としては奇想天外な発想ながら、科学の未来を先取りしたような先見性に富んでいる。

台所の文明開化を促進

『日の出島』の連載中に、弦斎は早くも次の企画である「百道楽シリーズ」を実行に移す。一番手は彼の趣味をいかした『釣道楽』。その後『酒道楽』『女道楽』などと続いた。道楽本といっても、遊びを奨励するものではなく、きわめて啓蒙的で、むしろ道徳本というべき内容だ。たとえば酒道楽では、酒の楽しみより、飲み過ぎの害を説き、禁酒を勧めている。また女道楽は、男が廓《くるわ》通いや妾《めかけ》を囲うことをよしとせず、女性解放、男女平等の精神を説いている。こうした内容は、当時男性読者中心だった報知新聞に女性読者を呼び込むきっかけにもなった。

その流れに乗って、弦斎が次にとりかかったのが『食道楽』である。主要登場人物は、大の食いしん坊であり、若手文学士（文筆家）の大原満。彼の親友の中川学士、中川の妹で大原が想いを寄せる料理上手なお登和嬢、そして広海子爵とその娘の玉江嬢らが、物語の合間に和・洋・中華料理をのべつまくなしに作りまくり、食べまくるというもの。掲載メニューは全６３０あまりと膨大で、西欧風のテーブルマナーや新時代にふさわしい家庭生活術、結婚観などにも言及し、台所を中心にした〝文明開化〟小説といっても過言ではない。

連載は１９０３年（明治36）、弦斎40歳の１月２日～12月27日まで、春の巻、夏の巻、秋の巻、冬の巻と１年間に及んだ。第１回は、「今日は正月の元日とて天地《てんち》乾坤《けんこん》自《おのずか》ら長閑《のどか》なる中にここにも春風の浸《し》みて来にけん……」と筆さばきも軽やかにスタート。正月らしく雑煮とおせち料理が登場するが、弦斎の筆はその食味を記述するよりも、正月早々からモチの食べ過ぎを戒める。そして、「雑煮を作る時は汁の中へ薄切の大根を加うべし。大根は化学作用にて餅を消化せしむ」とアメリカ仕込みの栄養知識に基づく美味健康食事法を紹介。

こうした、単にお腹を満たすだけではなく、おいしく健康的な食生活のための実用小説といった内容が、いまだ封建的な生活様式から脱《ぬ》け切れていなかった当時の主婦層に大歓迎されたのである。

掲載料理のいくつかをランダムに拾ってみると、赤茄子（トマト）のシチュー、牛の脳味噌のフライ、牡蠣雑炊、ライスカレー各種、珈琲の煎じ方、鯛スープ、オムレツ各種、パンの食べ方、豚の角煮、ワッフル、チキンライス、松茸御飯、ビフテキ、ハムエッグ、二十銭弁当、小鳥料理、冬瓜《とうがん》の葛掛、豆腐飯……。和洋中華に珍味奇味もまじえ、弦斎の食道楽は多岐多彩にわたっている。

弦斎流アユ料理「フエタス」「サラダ油焼」「三杯醤油」など

アユ料理は、下巻の「秋の巻」に登場する。大原や親友の中川らが、広海子爵から36品目の豪華な食事に招待されたお返しとして、中川が広海子爵と娘の玉江嬢を手料理でもてなすというシチュエーションで登場する。

中川は、子爵のように裕福ではないから、豪奢な料理は用意できない。そこで、自分で釣ったアユ料理をメインにもてなそうとの考えだ。中川は、作者である弦斎の分身であり、子供の時分から釣り好きで、当時まだ一般にはほとんど普及していなかったアユの友釣りを修得している。

まず、玉江嬢を相手にアユとは何ぞやの講釈から始まる。

「鮎の味は川によって違います。玉川（著者注＝多摩川）の鮎よりは相模川《さがみがわ》の鮎が上等ですし、相模川の鮎よりは酒匂川《さかわがわ》の鮎が一層優っています。また同じ川でも場所によって味が違います。一口に玉川の鮎が不味《まず》いといいますけれども羽村の堰から上になると鼻曲り鮎と申して味もなかなか好くなります。酒匂川のアユも本流よりは、その上流の河内川支流で漁《と》れた鮎が美味《おいしゅ》うございます」（※読みやすくするために句読点など加筆した箇所があります。以下、同）

　これは、現在のアユの釣り人にとっても大いに納得できるだろう。一般的に、川の上流部や支流の清く冷たく、石の間を縫うように走る清流でエサを食《は》んで育ったアユは、ヒレが長く、肩がいかって力強く、昔から〝鼻曲がり〟と呼ばれ、釣り味も食味も豊かである。

なぜ、場所によって味に違いがでるのかと問う玉江嬢。

「鮎の食物たる硅藻《けいそう》の種類が違い、またその多い処《ところ》と少ない処とで違うからです。硅藻の事を俗にアカと申しますが、一番上等なのは極くの清流に大きなカブラ岩が沢山あって、その岩が極く緻密な質で滑《なめら》かだと青アカといって、極く細かい柔《やわらか》い硅藻が附きます。（中略）その上等なアカを沢山食べている鮎でなければ肉が肥えて味が良くなりません……」

　この時代に、流れの中の石に付着するアユのエサである硅藻（珪藻）のうんちくに触れているとは驚きである。うんちくはまだ続く。

「硅藻も野菜と同じように発生《はえ》たばかりの若芽が柔らかくて美味《おいし》いので、その若芽を充分に食《たべ》た鮎が最も肥えているので漁夫仲間では新しい硅藻の事を新アカと申します。何でも雨が降って古いアカを押流した後、照りつくような晴天が五、六日続くと新アカが沢山出来ます。それを充分に食べたような鮎を上等な場所で漁ったのが、最上等の味になるのです」

この〝新アカ〟という釣り人用語は、現在でも普通に使われており、大水で古いアカが流された後、石に新アカが付着し始めると、友釣りは絶好調になる。

アユは、網漁やハリで引っ掛けて釣るなどの方法があるが、「一番味の佳《い》いのは友釣で漁ったので、活《い》きた鮎を水（著者注＝川の流れ）の中へ泳がせると外の鮎が追駆《おいか》けてきて鉤《はり》に掛ります。それは鮎が充分餌《えさ》を食べて心地《ここち》好《よ》く遊んでいる時でなければ決して友（同＝オトリ鮎）を追いません。つまり味の佳《よ》くなった鮎ばかりが釣れるので、（中略）友釣の鮎でなければ極く美味《おいし》い味がありません」

この「美味い鮎」を味わってもらおうと、中川は、石に新アカがまんべんなく付着する日を選び、「一番汽車へ乗って自分で釣に往《い》って、（中略）匂いの抜けないように山藤《やまふじ》の葉へ包んで氷詰めにして帰って来て、その晩は氷で冷しておいて翌日《あくるひ》に御馳走申したいと存じます」ともてなしに万全を期すのだった。

いよいよ、招待の日がやってきた。テーブルには、子牛料理などとともに、中川が昨日釣ったばかりのアユ料理が並ぶ。

まずは、《鮎のフエタス》という洋風揚げ物。ひと口賞味した広海子爵が感心しきりでいう。

「中川さん、私も鮎が好きで諸国の鮎を食べましたが、こんな美味《おい》しい鮎は初めてです。お料理方《りょうりかた》も違うのでしょうが、鮎の味《あじわい》が格別ですな」

娘の玉江嬢もその美味なるを賞賛し、料理法をたずねる。すると、中川はちょっと鼻高になって応じる。

「牛乳大匙一杯とメリケン粉大匙二杯と玉子の黄身二つと混ぜておいて、それへ塩、胡椒で味をつけ、細かに刻んだパセリを加えます。これに、二つの玉子の白身を逆《さか》さにしても落ちないほど泡立たせたものを混ぜますが、これで衣の出来上がりです。次に、鮎をその衣へ包んでサラダ油で揚げます。最初は弱火で長く揚げ、卸《おろ》す前に火を強くしないと衣がこんなに膨《ふく》らみません。これを新聞紙の上へ取って、よく油を切ってからお皿へ載《の》せるのです」

白いソースをかけて食べるが、その作り方は、「バター大匙一杯を鍋で溶かし、メリケン粉を大匙一杯パラパラと入れて、手速く攪き廻しながら木の杓子《しゃくし》でよくいためます。メリケン粉が狐色に変った時分に牛乳五勺とスープ五勺位入れ（中略）、それへ塩を好《い》い加減に加えて少し煮る」と出来上がり。

他にも次のようなアユ料理が登場する。

鮎のサラダ油焼は、「新しき鮎へ塩胡椒を振り、サラダ油を少し掛けてテンパンに載せてテンピへ入れる。強火で十五分焼いて取り出し、その後へ少しバターを入れて火にかけて溶かしたる汁（ソース）を皿に盛ったアユに掛けて食す」。

和風料理もある。

鮎の三杯醤油は、アユの釣り人にピッタリ。「鮎漁に往《ゆ》く時醤油二杯に酒一杯の割でよく煮詰めた汁を拵えて持って往って、鮎が釣れたらば生きたまま直《す》ぐにその中へ入れるのです。その汁が浸《し》みて鮎が鼈甲色《べっこういろ》になりますから、それを炙焼《あぶりやき》に致しますと、どんなに美味しゅうございましょう」。

アユが釣れたら生きたまま醤油ベースのタレに浸けておき、それを昼や夕べに河原で炙り焼きにして味わう。野趣に富んだ、釣り人ならではのアユ料理といえよう。

甘露煮もある。「先ず鮎を白焼にしておきまして、酒と湯と等分にしたもので二時間以上弱い火にかけて煮ます。そこへホンの少しの醤油と味醂を好い加減に加えてまた一時間半位煮ます」。そして「卸《おろ》す少し前に水飴を加えますと、一層味が佳くなります」。

ほかに、アユの酢煮やアユ鮨も登場。

「インチキ」と批判された弦斎

村井弦斎の長女米子は、『食道楽』を抄訳して1冊にまとめた同名の本を1976年に新人物往来社から出版している。その中で彼女は、アユ好きの弦斎について次のように書いている。

「釣り好きだった父は、友釣りのため生涯の持病リューマチを起こしたほどで、アユには殊にやかましかった。しかるに腹をぬいて食べたなどと誤った伝説があるようだ」

この最後の部分の、「腹をぬいて食べたなどと誤った伝説がある」とはどういうことか。「腹をぬく」とは、はらわたを抜く、すなわち腸《わた》を取り除いて食べるということであり、アユは釣るのも食べるのも大好きだった弦斎なのに、こんな誤った風聞を流され、放置しておくことは、長女として腹に据えかねることだったろう。アユは腸にこそ独自の風味がある。

こんな悪評はどうして広まったのか。

以下は、ある高名な食通の文から抜粋したものである。

「かの村井弦斎が、『東京人はきれい好きで贅沢だから、好んで鮎のはらわたを除き去ったものを食う』のであるなどと言っている（中略）。はらわたを取去った鮎などというものは、ただ鮎の名を紹介しているだけのことで、肝心の香気と味を根本的に欠くから、もはや美味としての鮎の高名に値しないものである」

そして、こう決めつける。「（このことは）弦斎自身の味覚の幼稚であったこと」を意味しており、「そうしたインチキを片端から暴露せねばなるまい」。

と、弦斎を「インチキ」呼ばわりしている。

ところで、弦斎がいっているという『』内をよく読めば、東京人の多くがそうだというだけで、弦斎自身が腸抜きで食べていたわけではないことがわかる。弦斎は、アユの川「豊川」近くの三河生まれ、三河育ちで、成人して早川、相模川、酒匂川が近い小田原や平塚に居を構えて友釣りに興じた人である。アユの腸の〝至極の苦み〟を知らぬはずがない。それを、「インチキ」とけなされる筋合いはないと長女は憤慨。

この悪意の文を書いたのは、実は美食王・北大路魯山人である。つまりこれは、魯山人の誤読が招いた悪評だったのであり、そうとわかれば弦斎の名誉も回復されよう。

※主要参考文献

- 『食道楽　上・下2冊』（村井弦斎／岩波文庫）
- 『食道楽』（村井弦斎著・村井米子編訳／新人物往来社）
- 『「食道楽」の人　村井弦斎』（黒岩比佐子／岩波書店）
- 『釣道楽　上の巻・下の巻』（村井弦斎著・村井米子編／新人物往来社）
- 『魯山人の美食手帖』（北大路魯山人著・平野雅章編／角川春樹事務所）
- 『珍撰会―露伴の食』（幸田露伴著・南條竹則編／講談社文芸文庫）
- 月刊誌『ノーサイド』１９９６年5月号「特集　美食家列伝」（文藝春秋）
- 『食味風々録』（阿川弘之／新潮社）

◎村井弦斎（1864〜1927）

1864（文久3）年1月26日、三河吉田の武家に生まれる。幼少期は父親に漢学を学び、維新後は広く外国語を習う。12歳で東京外国語学校（現東京外国語大学）ロシア語科へ入学。中退後、アメリカへ留学。帰国後、「報知新聞」に迎えられて小説を執筆。大長編『日の出島』は尾崎紅葉の『金色夜叉』に比肩する人気を博した。また、料理小説『食道楽』は「一四、五十万部とか圧倒的に」売れた（村井米子「父　弦斎の想い出」）。晩年は、神奈川県・平塚の広大な敷地の居宅に住み、野菜や果樹づくり、釣りに勤しむなど、ユートピア生活を実践した。

立原正秋

美食家文士の厳しい舌を満足させた瀬越。
「鮎の繊細な香と蓼のかぼそい辛さが
微妙にとけあってのどを過ぎていった」

ペンと剣と包丁の三刀流

「まずいものは口にしない。それが立原でした。少しぐらいなら我慢するということはありませんでした」

「ひと口食べてから、箸をバシッとテーブルに揃えて置いた時は『まずい』時でした。そのバシッという音に、私と子供達はビクッとしたものでした」

「私は、立原と一緒になりましてから、食事の支度に一番苦労したと思っております」

立原正秋の死後20年経って、光代夫人が著した随筆『立原家の食卓』（講談社／2000年4月1日発行）の「食べるということ、作るということ」からの抜粋である。怒鳴るだけではなく、黙ってお膳をひっくり返すこともあったというから、団らんの場であるはずの食卓は、立原家の場合、最後の審判を下されるような恐々とした雰囲気だったようである。

立原の〝まずいもの〟に対する憤慨は、当然家庭内にとどまらない。取材旅で木曽・馬籠宿の信州そば屋の暖簾をくぐったときは、こうであった。

「馬籠は手打蕎麦の看板がかかっている店に入り、寒かったので、てんぷら蕎麦をたのんだ。別にどうという蕎麦ではなかったが、てんぷらの海老が古く、ぷうんと臭った。てんぷら蕎麦をたのんでてんぷらを残したらどういうことになるだろう」

天ぷらそばの主役はエビである。そのエビを口元に運んでわずかな違和を感じ、それを残して、そばだけきれいに平らげる。そして、丼の中にえび天1本だけポツンと残して店を出る——。実際にそのような行動とったか否かは別として、剣道の達人でもあった立原が、その天ぷら屋を一刀で切り捨てたことだけはしっかり読み取れる。

なお立原は、剣道ほどではないが、いっぱしの包丁使いでもあった。

「私に包丁の使い方を教えてくれたのは魚屋だが、私は、うまい物を食べたい一心で包丁を握りだしたとおぼえている」(『魚と酒』/「酒の友」昭和41年6月号)

立原は若いころ、鎌倉の漁師町腰越の海から5分とかからない家に暮らし、執筆の合間に散歩がてら魚屋めぐりをするのを楽しみとした。当然、店のオヤジたちとも懇意になり、魚のさばき方を手ほどきされた。それは、イワシやアジのような小物から、サワラやスズキ、カンパチなどの大物にまで及んだ。ペンを持つ手で、刀と出刃もあやつったのである。

ある年の暮れに知人から「体長六十センチほどのみごとな姿の鱸《すずき》」を一尾もらうと、「片身は刺身にして味をほめ、片身はバタ焼」にした。また、初ガツオの季節になると、「私の家では一本まるのまま求めてきて刺身にする。鰹《かつお》は食べる直前に庖丁《ほうちょう》をいれないと味が落ちる。刺身はすべてそうだが、鰹は殊《こと》にそうである」と食べることに対して万事がこのように細かく、厳しいのである。

ただ、立原が包丁を握って夕膳を用意してくれれば、光代夫人はその日は作る人ではなく食べる人なので、子供たちとともに束の間のだんらんを楽しめたことだろう。

長編『春の鐘』に登場するアユ料理

作家立原正秋は昭和39年発表の『薪能』、翌40年の『剣ヶ崎』で注目を浴び、『白い罌《け》粟《し》』で41年度上半期の第55回直木賞を受賞。初期の角ばった文体は、歳を経るごとに熟成し、やがて清冽な香気と淡彩な色気があふれる丸みを帯びた文体へ変わってゆく。

そして、昭和52年11月7日。51歳になった立原は、「日本経済新聞」で小説『春の鐘』の連載を始める。古都奈良を舞台に、壮年の妻子ある美術館館長と、二回り近く年下の離婚歴のある女性多恵との「刃物の上を歩く」ような不倫愛の行方を、移ろいゆく季節と男女の営みの中に描いた晩年の長編である。

美の探究者である主人公の鳴海六平太は、多恵とともに法隆寺や唐招提寺など各地をめぐり、その行く先々で四季折々の美味に舌つづみをうつ。

たとえば、住まいの近くの行きつけの〈門前〉という店に多恵を初めて案内したときだ。彼は店主にひと声かける。

「『おや、もう細魚《さより》があがったのかね』

『まだ小さいですが』

『そいつから食おうか。ほかには』

『鯛の昆布締がよいでしょう』

『まかせよう』」

こんなぐあいである。そして6月。梅雨の季節だが、アユの始まりの季節でもある。

鳴海は多恵を伴って京都の花背へ車を走らせる。春は山菜、夏はアユ、秋はキノコを食わせる〈奥山荘〉での夕食のためだ。ここも、なじみである。到着早々、亭主にきく。

「『鮎にはすこし間があるね』

『はい。七月初旬になりませんと』」

やがて7月。先の〈門前〉から、アユが入ったとの知らせを受け、2人は早速暖簾をくぐる。

そこでは、「鮎の寿司と塩焼をだしてくれた。寿司は、小ぶりの鮎の片身をそのままめしにのせて小さくにぎってあった」。

アユの握り寿司とは珍しい。しかも小ぶりのアユである。近くを流れる吉野川の天然遡上アユを3枚におろし、その片身の大きさに合わせて握ったものだろう。身はまだ薄く小さいとはいえ、若アユの硬質な歯ごたえと香気が伝わってくるようだ。それは同時に、鳴海によって女に目覚めていく多恵の、溌溂《はつらつ》とした若い姿態を連想させる。

この物語には、季節ごとにいろいろな料理が登場するが、ほとんどは1回でたらそれっきりである。ところが、アユはこの後にも何度か登場する。

京都府木津川の浄瑠璃寺をめぐって、帰りの夕食をどうするかというときだ。鳴海は多恵にいう。

「『京都三条に〈河庄〉という店がある。鮎寿司のおいしいのを食べさせてくれるから、このさい走りをもう一度味わう必要があるな』

『六平太さま（多恵は鳴海をこう呼ぶ）は贅沢にできているのね』」

この〈河庄〉の鮎寿司は、握りではなく関西風の押し寿司だろうか。「走り」は「盛り」、「名残り」へと続く旬の食べ物の味わいの微妙な移り変わりの初期段階をいう。つまりここでは若アユの味をもう一度味わっておきたいというわけである。アユに対する鳴海の貪欲ともいえる情熱に対して多恵は、「六平太さまは贅沢にできているのね」といたずらっぽく言葉を返す。多恵の鳴海に対する敬愛ぶりがうかがえるシーンだ。

絶品！　アユの昆布締め

8月に入った。鳴海は多恵とともに、吉野路の栄山寺に遊ぶ。法隆寺の夢殿と同様式の国宝・八角円堂を観るためである。天平時代から千古の歴史をくぐって今にあるこの素朴なたたずまいのお堂を前に、２人はお互いの愛情がこのようにひっそりと、千年にわたって続くことを想った。

帰りに、大淀町で売っていた吉野川の天然アユを10尾求めて家路を急ぐ。このアユを調理して、２人で味わうためである。

「鳴海は、多恵の部屋でそれを三枚におろし、かるく塩をふり、昆布じめにして冷蔵庫にいれた。三時間もすればいい味になるはずだった」

８月という盛期の成熟したアユの、若アユとは趣を異にする豊満な身肉の奥深い味わいを体験させてやろうというわけだ。それだけではなく、「はらわたもかるい塩をふってかきまぜて冷蔵庫にいれた」。つまり、即席の「うるか（塩辛）」も仕込んだのである。身肉だけではなく、はらわたの苦味もまたアユの旨味の１つであることを、多恵に教えたかったのであろう

３時間後、冷蔵庫から昆布締めを取りだした。

「昆布をひらいたら、塩でひきしまった鮎がきれいに並んでいた。

『いい色ですわね』

『いい色だ』

鳴海はひときれつまんでくちのなかにいれた。

『うまくいった。つまんでみろ』

こんどは多恵がひときれつまんだ。

『どうだ』

『塩が上手にしみこんでいるわ。六平太さん、これでは板前さんになれるわね』

（中略）

鮎のはらわたの塩辛もいい味についていた」

２人は行く先の見えない関係にありながら、このシーンに限らず、ものを食べる場面は実に平和である。おいしいものをおいしく食べるという、この当たり前の日常の楽しみが、２人に束の間の安らぎを与えているかのようである。そのことが、ともすれば暗くなりがちな物語に、陽だまりのように穏やかな光を照らしている。

唐津で味わったアユの「瀬越」とは

昭和55年1月、小学館発行の「探訪日本の陶芸2」に立原正秋の『川辺からの眺め―唐津紀行―』が掲載された（後に、講談社『紫匂ひ――やきものの美を求めて』に所収）。前年秋の9月中旬、唐津焼の陶工・十三代中里太郎右衛門（１９２３～２００９）の工房を訪ねた折りの唐津焼物紀行ともいうべき内容で、この旅の途中に唐津市の郊外でアユを賞味し、その味に興趣を感じたことがつづられている。

「鮎につきあってくださいよ」という十三代目の案内で、唐津市内から車で三十分ほどの料亭に案内されたのである。

建物の表は街道に面し、裏は川辺であった。

最初に、「酒といっしょに芹《せり》の胡麻《ごま》あえがでてきた」。

これを口に運ぶ。「川辺の芹だろう。香が中庸を保っていた。（中略）この芹の味と香は極めて穏当であった」。

中庸とは、偏りがなく調和を保っていること。裏の川辺で採った野生のセリを軽く塩ゆでにして、すりゴマと醤油で和えただけ。この無技巧ともいえる味に、立原は「唐津焼」の素朴な中庸の美を重ね合わせたのである。

そして、次にでてくるであろう「アユ」に期待をふくらませる。

アユ料理は、最初に「瀬越《せごし》がでてきた」と書き、「背越ともいうらしいが、どちらが本当なのか私にはわからない。瀬越は、川の早瀬を越すことを意味しているから、たぶんこちらが妥当かもしれない」と続けている。

アユの背越しは、生アユの頭と内臓を取り、これを背中から背骨ごと薄く輪切りにしてタデ酢で味わう。背骨ごと味わうので、まだ骨の軟らかい若アユのころの料理である。しかしいまは初秋、9月の半ばである。アユは成熟して抱卵一歩手前で骨は硬く、背越しで供すには無理がある。

では、〝背越〟ではなく、〝瀬越〟と名付けられた料理は何なのかということになる。立原は次のように続ける。

「生鮎を殺《そ》ぎ切りにしたのが鉢に盛ってある」

〝殺ぎ切り〟は削《そ》ぎ切りの当て字だろう。生アユを3枚におろして皮を引き、包丁の刃を寝かせて薄く削ぐように切る。これを氷水にさらせば〝洗い〟になる。瀬越は、このアユの洗いのことと解釈すれば納得がいく。

それにしても、削ぎ切りを〝殺ぎ切り〟と書き表す立原の、剣の達人らしいこの造語感覚が凄《すさ》まじい。

瀬越の鉢のかたわらには酢味噌の皿があり、「葉のついた蓼の茎、大根の芽のおろ抜き、鮎の腸を唐辛子と練りあわせたのが皿に盛って」あった。茎ごとのタデの葉、おろぬき大根（間引いた小さな大根の菜）、唐辛子を混ぜたアユの内臓。この「三種はともに辛い」が、それぞれの辛味には微妙な風味の違いがある。タデを薬味にした場合はどうなのか。

「そこ（タデの葉）に鮎の瀬越をのせてくちに運ぶ。鮎の繊細な香と蓼のかぼそい辛さが微妙にとけあってのどを過ぎていった」

酢味噌をちょんとつけた背越しの1片を、タデの葉に包むようにのせて口へ――。この技巧を排した天然自然な趣向が立原の厳しい舌を大いに満足させたようである。

次は、「鮎の塩焼であった。体長十二センチほどの小ぶりの鮎である。これもよかった。

都会の料亭で出される背鰭《せびれ》や尾鰭にべったり塩をまぶした野蛮でつくりものの焼きかたではない。自然そのままの鮎であった」

料亭の裏の川で獲れた玄海灘からの遡上アユであろう。立原は、食べ物においても焼物においても、不自然な装飾や技巧を嫌う。それに養殖の魚には見向きもせず、海の魚でも地元の相模湾に揚がるアジ、サバ、イワシなどを好んだ。

また立原は、「川の名をなんといっていたか忘れてしまった」と書いているが、佐賀県唐津の市内からさほど遠くないアユ河川といえば、肥前松浦の玉島川であろう。

玉島川は、神功皇后《じんぐうこうごう》が魚を釣って征韓の勝敗を占ったところアユが釣れたので、たいそうお喜びになり、アユを魚偏に占うと書く「鮎」の漢字が充てられたという伝説で知られる。また後年、万葉歌人の大伴旅人は、《松浦川玉島の浦に若鮎釣る妹らを見らむ人の羨しさ》など、玉島川とアユの歌をいくつも詠んでいる。アユは、万葉の代にはすでに一般に広く食されていたことがわかる。

さて、立原はこの料亭での一場を次のように締めくくっている。

「それにしても、蓼の葉のついた茎をそのまま鮎につけて出すとは、なんと粗樸（粗朴＝粗末で飾り気のないこと）だろう。目前に流れがあり、鮎はそこから釣りあげ、蓼も川辺に自生している。私達はこうした生活から離れて久しい。この粗樸さを敢えて風雅とは言うまい。しかし現在では風雅としか呼びようがない」

ここには、腰越や鎌倉に住み、地元の漁港に揚がる地魚を自らさばいて食した立原の〝粗樸〟な日常が投影されているではないか。

カラスの襲撃から干物を守る見張り役

もう1つ、立原正秋とアユについて紹介しておこう。

立原の長男である立原潮氏は、作家ではなく、美食家としての父の影響を強く受け、28歳で料理界へ入り、イタリア料理店や、摘み草料理で知られる京都〈美山荘〉などで修業後、「懐石　立原」を東京にオープンした。和を中心にした独創的な料理は評判を呼び、味だけではなく北大路魯山人ばりに器にも心を配り、美食家たちを魅了した。なお、潮氏が料理修業をした京都〈美山荘〉は、立原正秋のひいきだった店であり、先に紹介した『春の鐘』にでてくる「京都・花背の〈奥山荘〉」は、この〈美山荘〉がモデルであろう。

立原潮氏の著作『立原正秋　空想料理館』（メディア総合研究所）に、美食家の父をしのぶオリジナルアユ料理がでてくる。

それは《鮎の干物のほぐし和え》と題され、干しアユの身を大雑把にほぐしてミョウガやネギの香菜と和えたもの。この料理の解説文の中で潮氏は、在りし日の父とアユの思い出を次のように回想している。

「干物は父の役目で、私が鮎を割いて父に渡すと、塩をふり金串をさしてから、庭の梅の木につるしてくる。風に吹かれて、よい干物になる。

ある時、父が突然書斎からとび出して来たので、何ごとかと思ったら、庭の梅の木まで素足でとび出して行った。鴉《からす》が鮎をつまんでいた。これはかなわんと言って書斎の前の雑木林に鮎を移した。書斎から鮎を見ていたので、その日は仕事にならなかった」

アユの干物をねらうカラスを一日中見張っていて、一向にペンが進まなかったのだ。アユ好きにかけては人後に落ちない立原の、美食に対する〝ほほえましい卑《いや》しさ〟がうかがえるエピソードだ。

※主要参考文献
・『立原正秋全集』第13巻／第19巻／第23巻ほか（角川書店）
・『紫匂ひ―やきものの美を求めて』（立原正秋・加藤唐九郎／講談社）
・『秘すれば花』（立原正秋／新潮社）
・『坂道と雲と』（立原正秋／角川文庫）
・『美食の道』（立原正秋／角川春樹事務所）
・『剣ヶ崎・白い罌粟』（立原正秋／新潮文庫）
・『立原正秋食通事典』（立原正秋文学研究会編著／青弓社）
・『立原家の食卓』（立原光代／講談社）
・『立原正秋の空想料理館』（立原潮／メディア総合研究所）

◎立原正秋（1926〜1980）
朝鮮慶尚北道安東郡生まれ。早稲田大学国文科中退。世阿弥を代表とする日本の中世美学に傾倒し、丹羽文雄の個人誌『文学者』に参加して小説家として琢磨する。雌伏の小説修行の後、『薪能』（昭和39年下期）、『剣ヶ崎』（昭和40年上期）が芥川賞候補となり、『漆の花』（昭和40年下期）が直木賞候補に。そして『白い罌粟』で昭和41年上期、第55回直木賞受賞。以後、『冬の旅』『残りの雪』『夢は枯野を』などを発表し、流行作家として人気が定着。美食家としても知られた。

木下謙次郎

昭和初期の食の名著『美味求真』
若アユは姿ずし、落ちアユは鮎めしに

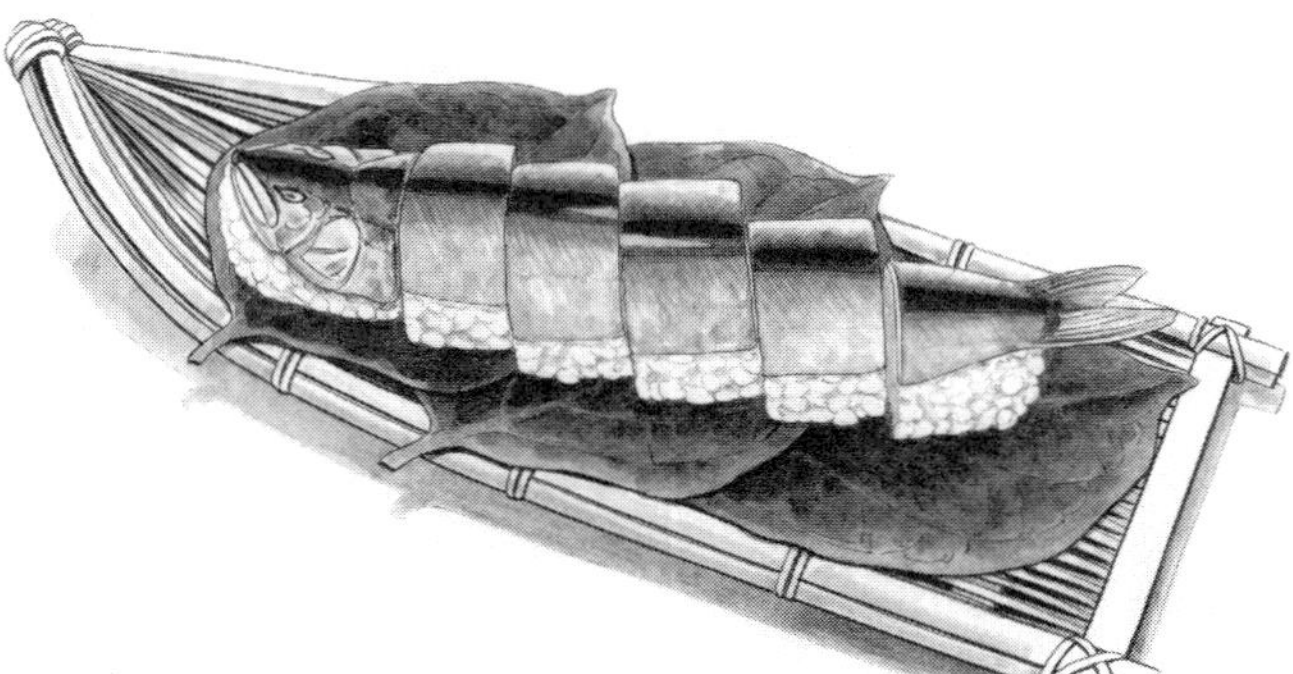

政治家にして食通という大正期の傑物

「料理とはある材料に加工して人の口に食べよいようにすることで、言い換えれば目にきれいで、鼻に匂いよく、口にうまい物を作るという一つの技術なのである」

木下謙次郎は『美味求真』2巻の中で料理の定義をこう述べている。そして、キレイで、いいニオイがして、ウマイ料理をつくることは難しいことではなく、そのための三カ条を掲げている。

第一、材料のよいのを選ぶこと。

第二、その材料を正しく巧みに割くこと。

第三、割いたものを煮たり、焼いたりしてうまく塩梅すること。

第一の良い材料とは、「旬」のものを選ぶことだという。旬は、「季節による味の最高の時」をいう。誤解してはいけないのは、旬と季節は違うということである。その例として、東京では、初ガツオは新緑の5月が季節だが、旬は9月～10月の下りガツオのころ。ウナギは土用の丑の日を中心とした夏が季節で、天然物の場合の旬は晩秋～初冬の下りウナギ。そしてアユは、解禁の6月が季節、旬は夏の盛りというから、7月の土用のころ～アユの雌雄がはっきりする前までと考えていいだろう。材料を選ぶとは、いわゆる目利きであろう。

第二条の割き方は、その料理に合った切り方、魚ならさばき方といえよう。この割き方で、見た目はもちろん、うまさも違ってくる。これは包丁さばき、つまり調理の腕、技術だ。

第三条の塩梅は、味付け具合と解してよいだろう。塩、しょうゆ、砂糖、味噌などの調味料のほか、カツオ節やコンブなどのダシ、さらには水加減、火加減なども入る。またさらに、味噌でも赤味噌か白味噌かなどと考え始めると、ウマイ料理づくりはそれほど簡単ではないことがわかる。塩梅とは、つまり料理センスということができるだろう。

木下謙次郎『美味求真』は大正14年（1925）1月発行の食のベストセラー本だ。その後『続美味求真』、『続々美味求真』が刊行され、その後昭和46年に五月書房からそれぞれ1巻・2巻・3巻として復刊されており、名著の誉が高い。先に紹介した村井弦斎著『食道楽』が明治の美食本の代表とすれば、この全3巻は大正～昭和初期の代表ということができる。

作者の木下謙次郎は九州大分県生まれの政治家で、政党間を渡り歩く〝政界の策士〟の異名をとっていた。この本の「序」を、〝近代日本医学の父〟であり、ペスト菌発見者として知られる北里柴三郎が書いているのが興味深い。北里は木下を「美食味道にかけてはしたたかな傑物である」と評し、「世上食道楽の徒は少なくない、好事集蒐の癖も稀ではない。ただし、その問題にこの著者ほど真摯な研究を積み、これ程該博な知識を貯えている者は比類がなかろう」と絶賛している。

第1巻は、美味の真、人類と食的関係、各国料理の外観、栄養学研究など、食と美味に関する学術研究を中心にした全8章から成る。具体的な食べ物に関しては、第6章「善食類」のフグにはじまり、スッポンなどが紹介され、第7章・悪食編では、バッタなどの昆虫食やイモムシ、ミミズなどにも言及。

塩焼の味わいの極みは腸にあり

第8章・魚類編の第2節で、いよいよ「鮎」が登場。アユの分布・生涯・養殖・漁法・料理について約16ページにわたって詳細に語られている。

まず「鮎のシュン（旬）は土用に入りて二十日間」、つまり7月下旬〜8月中・下旬。そして、この脂も香りものり切った旬のアユの味わいの極みは「腸（※わた＝内臓）にあり」という。

「鮎の優劣を知るには外観よりも先ずその腸の香気と渋味と苦味を験すべし。本来鮎としての神髄は集まって腸にありというも不可なし。例えば鮎を炙《あぶ》るにその腸をぬきたるとぬかざるものとは、その肉味の上に雲泥もただならぬ差異あるべし。腸を食うことを好まぬ人は食わざるも可なれど、食うと食わざるとに拘わらず鮎は腸をぬくべからざるものとす」

内臓（腸）は食わなくてもいいが、焼いたり煮たりの場合は、抜かずに調理すべしというわけである。食べたくなければ、身肉だけ味わえばいいのである。しかしそれでは、「腸の香気と渋味と苦味」というアユの神髄を味わったことにはならない。

アユの内臓も食すとなれば、何といっても「塩焼」である。

ただ焼くだけだから簡単と思われるが、内臓の香味を逃がさぬように焼くにはそれなりの秘訣がある。原文では文章で焼き方が説明してあるが、最近の料理本のように箇条書きに改めるとこんな感じになる。

①まず、アユの下腹部に指を当てて肛門から糞を押し出して、流水で魚体を洗う。

②青竹の串を刺し、さっと水洗いして水気をふき取り、塩をふりかけて直火で焙り焼きにする。このとき注意すべきは、塩をふってから、焼くまで時間をかけないこと。「(塩をふって時間が経つと) 塩焼きの味を失いて、塩鮎の味に変わってしまう。市中の塩焼鮎に味を失えるもの多きは、この点に不注意なるによる」というわけだ。塩をふったらすぐ焼きに入るべし。

③火加減は始め強く。ただし、火炎を直接魚体に当ててはならぬ。「なるべく背の方より

腹の方に火当たりを強くし、焼き過ぎたるよりも焼き足らぬ方をよしとす」とある。つまり、強火の遠火で、アユの焦げ過ぎを防ぎ、腹側に火当たりを多めにして内臓までしっかり火熱を通す。強火の遠火にして、じっくり焼き上げよということだろう。

④焼き上がったら、熱いうちに味わうこと。「冷えたるものは味大いに落つる」のは当然といえば当然だ。また、「塩焼きには市中の料理店の多くは蓼酢《たでず》を添えるのを常とすれど、これを用いるは鮎の膾の時と知るべし」という。タデ酢は膾（※なます＝刺身など生食の場合に添えるべしとし、塩味が足りない場合、「生醤油」を添えればよろしいとも。木下流では、塩焼にタデ酢は不要のようである。

アユの寿司は「丸ずし」をよしとす

次に「魚田」であるが、焼きかたは塩焼と同じで、塩の代わりに味噌を塗って焼く。「味噌に粉山椒を入れ、擂鉢にて程よく擂りたるものを（魚体に）塗りつけて、味噌の半《はん》焦《こげ》になるまで焼くべし」。味噌にはお好みで少量の砂糖を加えても可。

続いて、「鮎ずし」である。古来より諸国で作られ、作り方はいろいろだが、「鮎のすしは丸ずしをよしとす」として、姿寿司の製法を解説している。これも、料理本風に作り方を紹介すると次のごとくである。

①きわめて新鮮なアユのウロコを取り、腹側から包丁を入れ、頭から尻尾の付け根まで背骨に沿って縦に割く。つまり、腹開きにするということ。
②背骨、エラ、内臓（血合いも）を取り、小骨は毛抜き（骨抜き）で抜き取る。さらに、ハサミで背ビレや腹ビレなどヒレを根元から切る。
③腹内と頭内部の汚れを「肉に水のつかぬようによく洗い」とあるが、洗った後に布巾などで表面の水分をぬぐい取ると解して問題なかろう。
④これに「塩をふりかけ、二三時間ほど放置したる後、酢中に浸して三四十分の時間を置くべし」。つまり、1尾丸ごと酢締めにする。
⑤その間に、酢飯をつくる。炊き上がったご飯を大鉢に移してうちわであおぎながらシャモジで混ぜて急速に熱と水分を発散させる。
⑥そして、「少々冷却するを待って、鮎をひたしたる酢（④で使っている酢）をかけて酢飯」を作るとある。その酢には「少量の砂糖を混ぜるも可」。
⑦酢飯を細長い棒状に握り、これをアユにつめ込む。「飯のはみ出したる処は、紫蘇《しそ》の葉を酢にちょっと浸したるもの」で巻く。
⑧これを美濃紙に包んで、「酢箱のうちに納め、蓋を為し圧石《おもし》を掛けて」、一昼夜ほどおくと出来上がり。食べるとき、切り分ける。

酢箱は、押しずし用の木箱のことか。

また、作り方の⑥で、酢はご飯が少し冷めてからかけるとあるが、現代の料理本などでは熱々のご飯にかけるとある。それは、ご飯に酢を早くしみこませるため。だが、謙次郎流は、「厚石を掛けて一昼夜」ほど熟成させてから食すので、熱々のご飯でなくても酢は適度にしみわたる。

当時は、鉄道の駅弁でアユ寿司が人気だったようで、山北駅（神奈川県／酒匂川）、岐阜駅（岐阜県／長良川）、竜野駅（兵庫県／揖保川）、和田山駅（同／円山川）などで売られていた。しかし謙次郎は、これらは「あまりに粗製乱造にて、多くは鮎の塩漬にしたるを水にて塩出しを為し、酢に浸したるを塩と酢をまぜたる飯の上に載せたるまでの事にて、鮎を味わうことは覚束なきことなり」と敬遠している。

昔は冷凍保存の技術がなかったので、腹開きにしたアユを塩漬け保存して使っていたのである。こんなアユでは、アユ本来の香味はぼやけてしまうというわけだ。

絶味！　鳥取「楠城家の鮎ずし」

『美味求真』の第2弾『続美味求真』が出版されたのは昭和12年。その第1章の中の「地方名物料理のいろいろ」に、「楠城家の鮎ずし」が載っている。手製の丸ずしで、当時の鳥取市長・楠城嘉一《くすきかいち》家からのいただきもの。この味わいに、謙次郎はいたく感嘆し、賞賛する。

「パラフィン紙を剥ぐと深緑の柿の葉に包まれた柏餅のようなのが現われる。笹の葉か、紫蘇の葉にでもまいてあるなら兎に角だが、柿の葉とは珍奇である。その柿の葉をめくれば、そこに鮎の姿のままの丸ずしが横たわっている。打見たところ色は澄み渡った秋天のごとく、芬芳《ふんぽう》の気自ら鼻を打ち、食わずしてまずその妙味を思わせる」

名文である。

芬芳の気とは、アユの豊饒なる香気と解せるが、これがプーンと鼻先を刺激し、食べる前からワクワクが止まらない。その味はいかに。

「試みに取りて一喫すれば、酸鹹《さんかん》（酸っぱさと塩辛さ）の加減も馴れ味（発酵の加減）も一分のすきもなく、いわゆる酸にして酷せざるもの、鮮味颯爽たる中にねっとりとした古代鮓《すし》の風韻もうかがわれ、得もいわれぬ快味があり、夏時の美食として、上乗第一のものであろう」

ちなみに作者は政治家である。近ごろの政界に、これほど気のきいた立派な文章が書ける人物が存在しているだろうか。

木下は、その味に感激し、作り方を伝授願うべく鳥取市長宛に手紙を書く。しかし一向に返事がないので、見よう見まねで自ら挑戦する。ところが、色合いは現物とそん色なかったが、「舌当り」も「匂い」も、「本物の領域に達し得なかったので、どうやら入学試験にでも落第したような気がして少々憂鬱であった」とガッカリ。

不出来の理由は、「相模川の鮎の本質が、その名もゆかしき若桜川や智頭川所産のものに劣っているためか」と、山陰・鳥取県の若桜川《わかさ》（八東川）や智頭川《ちづ》（千代川）のアユではなく、とりあえず手に入りやすい関東の相模川産を使ったのがいけなかったのかと思い悩むのだった。

快味！「駅館川の鮎めし」

「楠城家の鮎ずし」に続いて、アユの郷土料理「駅館川の鮎めし」が載っている。駅館川《やっかん》は、謙次郎の故郷である大分県の宇佐市を流れて周防灘に注ぎ、当時はアユの名川として知られていた。

「鮎めしというは、焼き鮎を入れて炊いた簡単な田舎料理」で、いわばアユの炊き込みご飯だ。焼きアユは、「青串にさして、ほどよく焼き上げた鮎を、日の当たらぬ風通しの良い所に二三日放って置いて、肉の少し堅く（焼き立ての鮎は肉が脆く飯にまぜるとき粉になる）なったもの」のこと。駅館川の鮎めしは、この腸ごと焼いて干したアユを使う。作り方はこうである。

①焼き干しアユとあく抜きした新ゴボウの削いだのを鍋に入れ、冷水から30〜40分煮て、砂糖、しょう油で味を付ける。「米一升に鮎七八尾（三十匁＝約１１０ｇのもの）が適当である」という。
②煮上がった汁を器に移しておく。
③焼き干しアユは肉をほぐし、骨・頭・ヒレなどの邪魔物を取り除き、肉・腸、それにゴボウも一緒にして２〜３分煎り煮する。
④釜で米をとぎ、②の煮汁で米を仕掛け、酒・ミリン・砂糖で味を調えて飯を炊く。
⑤炊き上がる10分ほど前に、③の具を全部加えてさらに炊き、充分蒸らしてからお櫃《ひつ》に移し、よくかきまぜる。

謙次郎はこの郷土に伝わるアユ飯がお気に入りである。

「滋味はなかなか深い。腸の苦味が微かに感ぜられて一層の快味が加わる上に、鮎と新牛蒡の香気が芬芳として鼻をうち、不思議なほど食欲をそそる。そのため、鮎めしは何人も常の食糧に倍加すると言われるに拘わらず、あとに飽満の感なきのみか、かえって怡楽《いらく》（喜びと楽しみ）の情を覚えしめるものがある。左傳に食必ず甘味なれば、情を和らげ憂を解くとあるはこうしたことをいうのであろう」

ここに「左傳《さでん》」とあるは『春秋佐氏伝《しゅんじゅうさしでん》』のことで、これは紀元前の中国春秋時代を中心とした史伝説話集。孔子の編纂といわれ、古来より名文で聞こえている。こうした古代中国の書物を引き合いにだしてくるとは、教養深く、歴史感覚にも優れた人物だったことがうかがえる。

さらに、こうもおっしゃる。

「鮎ずしは若鮎に限るが、鮎めしは老成したものがよい。産卵前でさえあれば、初秋のものも悪くない」と。アユは季節の進むにしたがって、食べ方も変わってくる。落ちアユのころは、アユめしにして、腸も卵や白子も一緒に炊きこむというわけだ。

冒頭部分で、食材の「季節と旬」の話を持ちだし、そこではアユの旬は夏の盛りとしたが、実はアユの場合の旬は1度ではなく、3回なのである。すなわち、若アユ・夏アユ・落ちアユである。いずれも捨てがたい味わいである。『美味求真』の著者は、この違いをしっかりと嗅ぎ分けていた。

謙次郎は、この項の終わりの近くで次のようにも述べている。

「自分は秋風の起るに逢うて、鮎めしを想う。時折りは、遥々《はるばる》郷里から焼き鮎を取り寄せ、同好の人を集めて鮎めし会を催し、故郷を偲ぶ一つの楽事としている」。ところが、その鮎めし会に参加した故郷の来訪者から、「駅館川の鮎が年々減少するので、昨年から（中略）琵琶湖の仔鮎の放養を始めた」との話を聞き及んで大いに落胆する。そして、結びの一文を次のように嘆き節で締めている。

「駅水の鮎の誇りの最後の日が来たのである。名物駅館川鮎めしも今より後は、徒《いたず》らに美食を偲ぶ昔語りの題目たるに止まるであろう」

かつてのアユの名川駅館川には、現在上・下流に2つの漁協があり、アユの放流は合計人工産450kgと微々たる数で、そのうえ「去年はカワウにやられてさっぱりでした」と組合長。もちろん、駅館川の「鮎めし」はとっくに消滅している。山北駅や竜野駅などの「鮎ずし」も幻の駅弁と化して久しい。この現代のアユをめぐる惨憺《さんたん》たる現状を見れば、昭和10年代の初めに「名物駅館川鮎めしも今より後は、徒らに美食を偲ぶ昔語りの題目たるに止まるであろう」と嘆いた政治家木下謙次郎の先見の明には、残念ながら感服せざるを得ない。

現在の自然破壊、河川破壊の根はすでに戦前から始まっていたのである。
※引用箇所の旧字体の部分は、原則としてに新字体に改めています。

※主要参考文献
・『美味求真』1巻〜3巻（木下謙次郎／五月書房）
・『随想　美味求真』（薄井恭一／春秋社）
・雑誌「サライ」2005年1月5日号／特集「木下謙次郎の『美味求真』を食す」（小学館）

◎木下謙次郎（1869〜1947）

大分県宇佐郡安心院村に生まれる。明治35年、33歳で衆議院議員に当選し、以後9回選出される。政治家としては逓信省勅任参政官、鉄道省勅任参事官、関東庁長官などを歴任。狩猟や釣りを趣味とし、料理は和漢洋に通じた。包丁を握ればプロ顔負けで、とくにスッポン調理に長け、生きたまま割いて見せた。大正14年『美味求真』出版後、昭和12年『続美味求真』、同15年『続々美味求真』を出版。

稲葉 修

釣りたてを河原で「焼きジュー」にして
カップ酒とともに頬張る

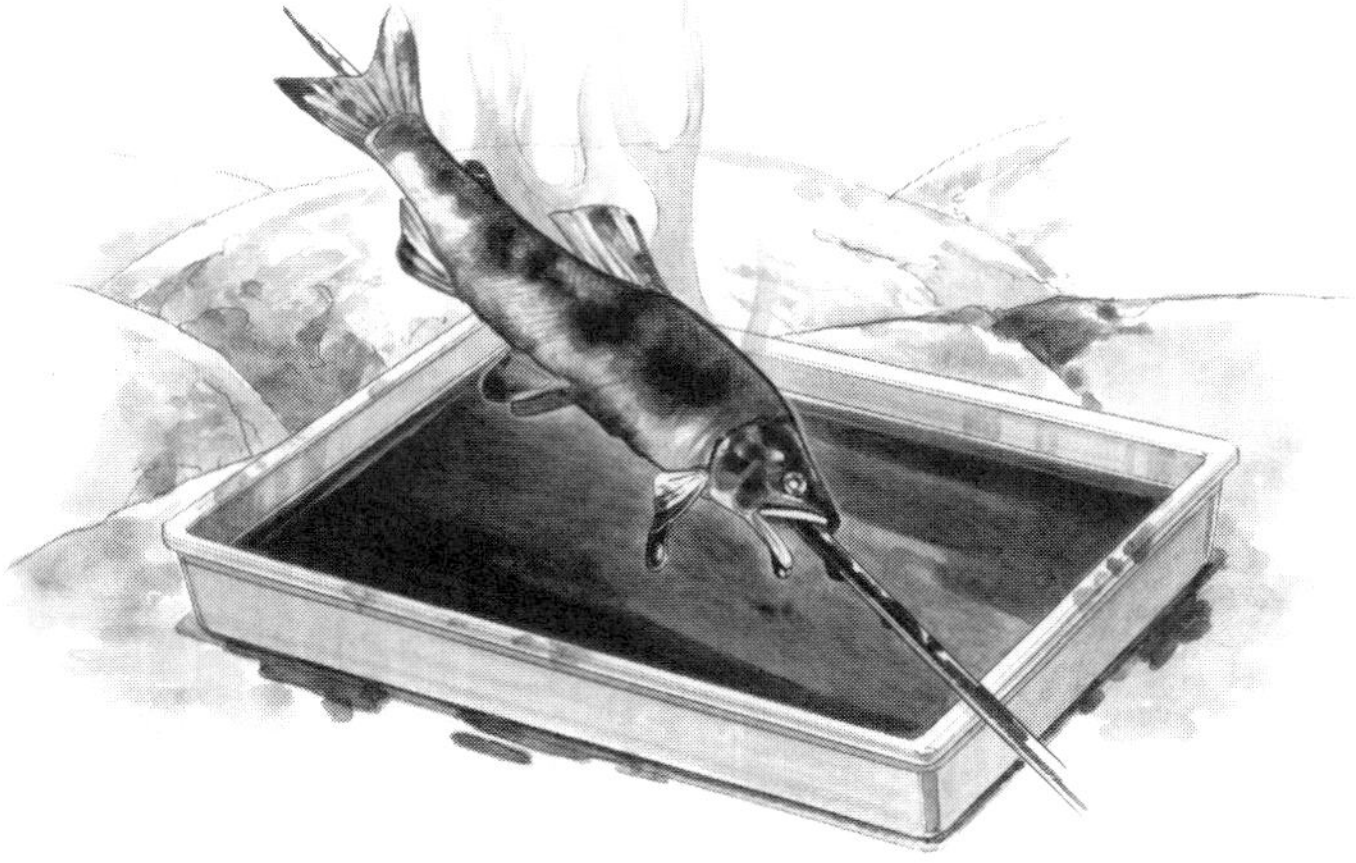

角栄逮捕の前日もアユ釣り宴会に興じていた

戦後最大の疑獄事件といわれるロッキード事件。そのクライマックスとなった田中角栄逮捕のトリガー（引き金）を引いた男として、戦後日本政治史に名を残した当時の法務大臣・稲葉修。その稲葉が、角栄逮捕の前日という緊迫した日に、何食わぬ顔で趣味のアユ釣りに興じ、昼には河原でアユの串焼を頬張りながらカップ酒をあおっていたことは、あまり知られていない。

稲葉修著『鮎釣り海釣り』に所収の「五十川」にその歴史的シーンの一部始終が書かれている。

その日、「（昭和）五十一年の夏、ロッキード事件の最中《さなか》、七月二十六日のことである」。稲葉は娘や孫たち一行十数人とともに、車2台に分乗して山形県南端の五十川《いら》へアユ釣りに出かけた。自分が生まれ育ち、また選挙地盤でもある新潟県村上市を流れるアユの名川三面川ではなく、なぜわざわざ車で1時間もかけて他県（山形県）の、それも川幅20mほどの小河川である五十川まで出向いてアユ釣りをしなければならなかったのか。

当時の日本政界は、ロッキード事件で右往左往の大混乱をきたしていた。稲葉修は田中角栄が総理辞任後に発足した三木武夫内閣のもとで法務大臣を務め、角栄逮捕が迫る中、そのXデーの鍵を握る男として世間の注目を集めており、またマスコミにつけ回されていた。それが、実家から車で1時間も離れた小さな川で、家族を引き連れて優雅にアユ釣りとは合点がいかない。

「昨日までは新聞記者も各社揃ってついて来ていたが、『今日は家族デー』だからと川まで来るのを断ったところ、幸い皆承知してくれた」のだそうである。

孫たちは水遊び、アユ釣りをするのは稲葉をはじめ5人の大人たち。奥さんも稲葉に影響されて釣り好きで、夫婦して日本各地の川を釣りめぐっている。

その日は午前中だけで、みんな合わせて200尾以上釣れた。1人40尾以上平均であるから大満足。稲葉も、いつも以上に上機嫌。釣り場では、「右手《めて》に竿、左手《ゆんで》にワンカップ」を常とする稲葉は、そのワンカップをグイッとひと飲みし、釣ったばかりのアユを塩焼にしてカブリつく。皆も、アユや持ってきたご馳走をワイワイ平らげる。そして稲葉は、ひと眠りしてまた川に入る。

「午後も追いがよく、入れ掛りといってよい状態であった」

そこへ、法務省の安原刑事局長から緊急の電話が入った。

「大臣ですか、安原です。本日正午過ぎから三時まで、検事総長以下、検察首脳会議を開きました。前総理田中角栄に対する逮捕状を裁判所に本日中に請求したいとのことですが、大臣のご許可を頂きたいのであります。逮捕は明朝七時を期しているそうです」

ついに、来るものがきたのか、あるいはあらかじめ知らされていたことなのか、真実は闇の中だ。

稲葉は、ひと息入れていった。

「よろしいでしょう。やむを得ませんな」

そのあとで、こうも伝えている。

「私は予定通り今夜の夜行（天の川号）で帰りましょう」

この言葉は、何か暗黙の了解があったかのようなきな臭さを感じさせる。

それからの稲葉は、翌朝に起こるであろう前総理逮捕というショッキングな出来事を周囲に悟られないために、その日は午後5時まで素知らぬ風でアユを釣り、午後7時には以前から山北町で予定されていた講演をすませ、そして村上駅から夜行列車へ乗った。

翌朝午前6時半過ぎ、目白の田中邸に東京地検特捜部の検事と捜査員が入り、角栄を任意同行。そこにマスコミの姿はなかった。情報漏れはなかったということだ。マスコミが異変に気づいたのは、角栄の乗る車が霞が関の検察庁合同庁舎に着く5分前の7時20分過ぎであった。その車が正面玄関に到着するので、係員がロープを張ったのだ。それはマスコミを規制するためのロープであり、何か重大事のあることを知らせる合図にもなる。マスコミはカメラを構えて待ち受け、そして車が到着するや、角栄の顔にフラッシュの雨を浴びせたのであった。

それを思えば、稲葉の行動というのは、あまりにも出来過ぎていたとしか思えない。マスコミを煙に巻くための、仕組まれたアユ釣りだったのだろうか、という気がしてならないのである。

稲葉は次のようにいう。

「指揮権を使って『逮捕状請求不許可』『捜査打切り』で、臭いものにふたをするということは全然思いもよらなかった。この事件始まって以来、政治干渉は一切やらないという、一貫した私の決意だったからだ」

この毅然とした言葉は、潔癖な政治家・稲葉修のイメージを確固たるものにし、目白の闇将軍・角栄との対照を一層鮮やかに浮かびあがらせた。

養殖アユには箸をつけなかった

稲葉修は明治42年、北の清流三面川《みおもて》が流れる新潟県村上市に生まれ、育った。

三面川は、サケの川として全国的に有名だが、釣り人には毎年多くの天然アユが遡上する川としても知られている。夏のアユ釣りシーズンには、小ぶりでもその力強い引き味に加え、天然特有の芳香と清淡な食味を求めて、東北どころか関東一円からも多くのアユ釣りファンが訪れる。

九男一女の末っ子として育った修は、生まれた時から兄たちとともに近くの三面川でエビや小魚などをとって遊んだ。そして、生涯で一番の趣味としたアユ釣りは、小学生のころに兄たちと遊ぶうちに身につけた。長じて政界に入っても、アユ釣り熱は冷めるどころか、ますます高まった。こんな記述もある。

「法務大臣室や議員会館二一四号室で、長い友竿を継いで窓から差しだし、竿の調子を見ては楽しんだものだ」

多忙で釣りに行けないとき、釣り人は釣具をいじって釣り心を慰める。ここに至ってもはや、稲葉修は単なる釣り好きの域を超えて、釣りキチへ足を踏み入れているということになる。

もちろん稲葉は、アユを釣るだけではなく、食べるのも大好きであった。しかし、アユであれば何でもいいというわけではない。釣り人であるだけに天然にこだわり、養殖アユには口をつけなかった。

「宴会の膳に供する鮎は殆ど、養殖鮎である。私はすぐ分るから箸をつけない。両隣の人が喜んで食べるのを見ると、馬鹿に見えてしょうがない」とまで毛嫌いし、「『うまいかね』『うん』『じゃ俺のも食え。俺釣っていつも食っているから君にやろう』」というありさまである。

そして、天然アユと養殖のどこが違うかと質問されると、次のように、3つの違いを指摘する。

「一尾ずつ現物を並べて見れば一目瞭然である。第一に顔が違う。天然鮎はいかにも優雅上品で、眼《まなこ》に光がある。養殖ものは眼《まなこ》がうつろでしまらない顔をしている。口がまた間抜けであほうみたいである。顔全体に品がないのである」

現在の政治家であったなら、「間抜け」「あほう」の類は暴言であり、即アウトで、懲罰問題になるだろう。

「第二に身体全体の形が異なる。（中略）餌を、溜り水の池の中でぱくついている奴と、清冽な激流を勇ましく遡上し、新鮮な水あか（著者注＝清流の石に着く珪藻や藍藻類のこと）をなめつつ乱舞飛躍するのとでは、身体《からだ》つきが一見して違うのは当り前である」

さらに続ける。

「なわばりを荒らす敵は、容赦なく鋭い歯をあらわに口を大きくあけ、恐ろしい形相で追い払う、鮎のあの闘魂は見上げたものである。鍛錬し、稽古し、努力する頼もしき力士の姿である」

最後に力士をたとえにだして天然アユを称賛しているのは、好角家として横綱審議委員会委員も務めた稲葉の面目躍如たるものがある。

「第三に食べて味と香りが全然違う。自らの成長に責任を持ち、自彊《じきょう》して息《や》まない天然鮎と、（エサを与えられて）楽々と成長する奴とでは、肉のしまりと口に入れた時の香りが全く違うのである」

政治や釣りに関してだけではなく、食べることにも厳しかったことがわかる。

しかし稲葉はただ厳しいだけではない、ユーモアを解し、ときおり放つエスプリの効いた皮肉交じりの演説で、観客を大いに沸かせたものである。その演説の十八番《おはこ》ネタとしても、この養殖アユと天然アユの話が使われた。

「みなさん、鮎をお釣りになりますか」に始まり、アユの養殖か天然か見分けがつくかと観客に問う。「わしはすぐにつくな。友釣りを長年やって、天然鮎を見てますからね。養殖の鮎は目つきが悪い」。ここで、観客は少し笑う。そして、「どうもこのぅ、身にしまりはないし、目つきはどろんとしてるし、丸々と太ってはいるけれど香りはないしね」と畳みかけ、最後に「どっかその辺の政党の代議士みたいになっちゃったね」と政界にたむろする養殖代議士たちをやり玉にあげる。すると、会場はやんやの喝采に包まれる。してやったりである。

塩焼は焼きたてよりも一晩おいたほうがうまい!?

山形県の鼠ヶ関《ねずがせき》川は、新潟県との県境を流れる小規模なアユ河川である。今は水量が減ってアユの友釣り客は少なくなったが、当時は近隣の人気河川の1つであった。稲葉の自宅からは車で十数分で行けることもあり、ある夏、この鼠ヶ関で支持者の会社社長とその夫人、社員も入れた6人で「アユ釣り宴会」を催すことになった。

稲葉がオトリを流れに放すとすぐに「きらっと鮎が水中に光った。かかった！　岸に引き寄せて手網に取り込む。背がかりである。調子よしとばかり、おとりを取り替え、手早く沖へ送り出す。また光る……」。堂に入った、手慣れた手つきが伝わる文章である。筆どころか、サオのさばき、オトリの扱いも相当の手練れであることがわかる。

5尾ほど釣れたところで、社長夫人が「ちょっと一杯いきましょう」と、「にこやかにワンカップの口を切る」。まだ、朝の8時である。「蝉が鳴いている。とんぼが飛んでいる。鳶が二羽大空を翔けている。空は青く山の緑樹は濃い」。

小一時間ばかりですっかりご機嫌になるが、再びサオを握る。それから昼まで、稲葉の25尾を筆頭に3人で50尾余りを釣り、社員の1人はゴリを5、60尾とってきた。アユはさほど釣れなかったが、ゴリが大漁だったし、これだけあれば充分だ。

社長夫人の陣頭指揮で、アユとゴリを串に刺し、炭を起こしてどんどん焼いた。「いい香りである。豪勢なもんだなあ。こんな贅沢な話はないいね」などといいながら、またワンカップの口を切り、缶ビールをシュパッと開ける。

このとき、稲葉は「塩焼きもいいが、素焼きも熱いのを醤油にジューッと漬けて食うのも乙なものである」と、この食べ方を披露して歓ばれた。ワカサギの「焼きジュー」ならぬ、アユの「焼きジュー」である。皮の焦げ味と醤油の焦げ味とが、身肉の旨味と口中で混じり合い、この混沌の美味をワンカップで喉に流し込む。政界の魑魅魍魎を忘れる爽快な気分である。

そしてこんな話もする。

「塩焼きも河原でやる時はいいが、私は焼きたてよりも、晩に焼いた塩焼きを翌日の朝、食べたほうが香りも肉のしまりも優れている」と。

実際、稲葉は、塩焼は焼きたてよりも「翌朝の方がもっとうまい」とあちこちで吹聴している。だがしかし、稲葉流のこの食べ方に納得しかねる人も多く、「もっとも味のよしあしは、異性の好き嫌いと同じで、主観的なものだと、私の秘書連中はいうのだけれども」と、強硬に主張することは避けている。

「塩焼きは、翌朝の方がもっとうまい」というのはしかし、「養殖鮎では、てんで当てはまらんことである」と、ここでも養殖アユにダメだしをしている。それは仕方がないとして、冷めたアユの塩焼が本当においしいのだろうか。

ある識者に聞くと、「ああ、それは表面の塩が身や腸《わた》になじんで、旨味がでたのでしょう」ということだった。確かに、焼きたては熱々だが、塩味が強い気がする。翌朝になると、この表面の塩味が身肉に溶け込み、アユの旨味と香りが醸成されているのかもしれない。

そういえば、「アユそうめん」は冷えたアユでもおいしく食べられるし、宮崎県の郷土料理に冷や汁というのもある。冷めたアユの塩焼もそれなりに味わい深いのかもしれない。

水をきれいに保つのは国の責任だ!

稲葉は、「日本の水をきれいにする会」の会長も引き受け、それを単なる名誉職としておざなりに終わらせていない。

当時、材木の値段が急激に下がって、山が荒れ放題になった。山が荒れると川が荒れ、海も荒れる。そうなると、川のアユや海の魚の成育に影響がでる。そこで稲葉は、山の手入れ費用は国家が持つべきという持論を展開して林野庁にせまった。すると林野庁長官は、予算をだしてくれるように大蔵大臣に頼んでくれた。が、しかし、けんもほろろに追い返される。こうなると、稲葉の出番である。

「この水はね、その魚釣りをしたいために、水をきれいにしたいというのではないんだからね」

「どういうことですか?」

「この山に貯えられた水というのはね、田んぼの水となり、工業用水となり東京のような大都市の家庭用水の供給源じゃないか。植樹のおかげではないか。だから恩恵をこうむっている。国民全体の税金の中から、『山持ち、しっかりやってくれ、水源を涵養《かんよう》してくれ！』と、こういって税金を出すのは当然じゃないか、そうじゃないですか」

こう問い詰めると、大蔵大臣は、

「そういわれりゃ、そうですね」

涵養とは、自然に水が浸み込むように養い育てること。稲葉修は、水源の山だけではなく役人たちも〝涵養〟したのだろうか。

※参考文献
・『鮎釣り海釣り』（稲葉修／二見書房）
・角栄逮捕を報じる新聞記事（新聞社各社）
・『ロッキード』（真山仁／文藝春秋）
・『天才』（石原慎太郎／幻冬舎）

◎稲葉　修（1909～1992）

新潟県村上市生まれ。10人兄弟の末っ子で、幼いころから近くを流れる三面川でフナやゴリ釣りで遊び、生涯の趣味となるアユの友釣りは小学時代に修得。また、家から1㎞も歩けば日本海の砂浜や岩場があり、ハゼやアイナメなどを釣る。釣った魚は母親が料理したので、魚の味に精通。中学、高校（旧制）時代は多くの武勇伝を残し、高校を退学になるも中央大学法学部に入学。卒業後大学院へ進み、昭和20年に中央大学法学部教授に。同24年衆議院議員に初当選を果たし、三木武夫内閣で法務大臣に抜擢される。友釣りで北は北海道の余市川から、南は九州五ヶ瀬川まで巡っており、鮎は「河原での炭火焼が一番」という。

北大路魯山人

稀代の美食家が
「うるみのある匂いのからんだ味わい」
と称賛した活アユの洗い

小学低学年のころ、魚のあらで出汁をとっていた

類まれなる鋭敏な舌をもってこの世に生まれでた北大路魯山人が、はじめて「鮎」という食材を意識したのは7、8歳のころであった。

魯山人は、まだ母親の胎内にいたとき父を失い、京都・上賀茂の社家に出生後、すぐに他家へ預けられた。その後扶養先を転々として、木版師夫婦に引き取られたのは明治22年、小学1年生（6歳）のときだ。学校から帰ると、使い走りや掃除、おさんどん（台所仕事）の手伝いなどに励んだ。そしてまもなく、夫婦は魯山人のある特性に気がついた。小学生の魯山人がどこからともなく手に入れてくる食材はどれもおいしく、また彼がつくる料理は何の変哲もない普段のものなのに、どれもひと味違うのだ。やがて、養母は料理をしなくなり、おさんどんは魯山人の手にゆだねられる。

星岡茶寮の機関誌『星岡』56号（昭和10年5月30日発行）の「北大路魯山人　食道楽四十年を語る――鮎――」の《鮎の食い方》に、京都の子供時代のエピソードがでてくる。

「ある日魚屋が鮎の頭と骨ばかりをたくさん持ってきた。鮎の身を取った残りのもの、つまり鮎のあらだ。小魚のあらなんというのはおかしいが、何といっても鮎であるから、それを焼いて出汁にするとか、または焼豆腐や何かと一緒にして煮て食うと美味いには違い

ない」

魚を3枚におろして身を取ったあとの、残りの頭や背骨やその周辺の骨、ヒレのことを〝あら〟という（ちなみに内臓は腸）。あらは、普通は生ゴミとして捨てられる。しかし、いつ、どこで覚えたのか、小学低学年の魯山人はすでに魚屋や料亭から、アユに限らずタイやヒラメなど魚のあらをもらい受け、味噌汁や煮物などのダシに使っていたことがこの文章から想像できる。アユは高価で手がだせないが、あらはタダで、しかもおいしい出汁がでる。養父母は幼い魯山人にむりやり台所仕事を押し付けていたのではなく、こうした天性の工夫と料理勘で大人よりよりおいしい料理をつくるので、自然に彼に台所仕事がまわってきたということだろう。養父母が美味しいといって喜んで食べると、魯山人もうれしかったに違いない。

アユのあらの話には続きがある。あるとき、魯山人は高級魚であるアユのあらがなぜこんなにたくさんでるのか疑問を持ち、魚屋に聞いた。

「すると、京都の三井さんの注文で鮎の洗いを作ったので、これはそのあらであるという。私はそれを聞いて子供心にずいぶん贅沢《ぜいたく》なことをするものだと驚きかつ感心した」

このことがあって、魯山人は「鮎とは」、「鮎の洗い」とはどんなおいしいものなのか、いつかは〝三井〟のように腹いっぱい食ってやろうという野心のようなものを幼い心に持つに至った。ちなみに、〝三井〟は豪商旧三井家の下鴨別邸のことで、高野川と賀茂川の合流部に位置する豪邸であった。

その後魯山人は、料理ばかりか書にも独創的な才能を芽吹かせ、20歳で単身東京へでて書道教室を開く。その仕事のかたわら、なけなしの金をはたいて銀座や横浜などの評判の店を食べ歩いた。そしてついに、幼いころから「羨望《せんぼう》の的」だったアユを「心ゆくまで食う」機会がやってくる。同《試食時代》を読んでみよう。

「初めてしかるべき鮎を食ってみたのは何でも二十四五歳のころであったろう。(中略)本当に鮎通の喜ぶ上等な鮎の真味をテストするという意気込みで食ってみた」のだった。場所は日光の大谷川《だいやがわ》。鬼怒川の支流である。それまで、東京及び近郊の多摩川や相模川でもテストしたことがないわけではないが、納得がいっていなかった。それで、アユのうまい川と聞いて、ここならと、わざわざ日光まで出かけたのだ。

値段は1尾50、60銭で、2尾食べた。アユは「新鮮で色艶もよく姿容も優れていた」ので、期待した。しかし——。

「この時の偽らざる感じをいえば美味い美味いと人はいうが、何だこんなものか、これが本当にそんなに美味なのかしら、というのが本音で、当時の私の味覚にはどうもしっくり得心が行かなかった」と感想を記している。

20代半ばの若輩では、アユのおいしさというものがわからなかった、アユの真味を知るにはもっと人生や味覚の鍛錬が必要だったということだろう。

食の天才は、ここで自慢の舌にほんの少しだが、不信感を抱いた節がある。

福井・山中温泉で「羨望の味」にめぐり合う

その後の魯山人は、朝鮮にわたって篆刻《てんこく》を学び、上海で本場中国の書画に接する。帰国後、琵琶湖のほとりの滋賀・長浜や京都の好事家たちの知遇を得て、商家の看板を描くなど、彼らとの接触を通して味覚や芸術的な感性を一気に磨き上げていく。

再び、同《鮎の食い方》の項に戻る。

「もう二十年も昔になるが、ついに私もこの洗いを思う存分に賞味する機会を得た」とある。20年前は大正4年、魯山人32歳。北陸の漆器の美を求めて山中温泉に滞在していたころだ。その町はずれに、渓流を渡す蟋蟀《こおろぎ》橋というゆかしい名前の橋があり、その橋畔に増《ま》す喜《き》楼《ろう》という料理屋があった。魯山人はよくそこへ客人を招き、アユやゴリ、イワナなどを食べていたが、「ふと子供の頃知った京の三井の鮎の洗いの事件」を思いだした。

例の件を「事件」というほど、魯山人にとっては鮮烈な記憶として残っていたのだ。それで、

「鮎も廉《やす》かったからではあるが、早速鮎の刺身をつくらして食ってみた。試みて驚いた。トテモ美味いのだ。なるほど、三井が食うわけだとこの時になって子供の頃の思い出に合

点した」

単に「美味い」のではなく、その意味を強調する〝とても〟という修飾語を、さらに〝トテモ〟と片仮名書きにすることで、二重、三重にもその感動を伝えている。毒舌で鳴る魯山人が、このように素直に他人の料理を称賛することなど滅多にあるものではない。「当時そこ（増喜楼）では京都相場なら二円位もする鮎が一尾三十銭位で始終食えた」ので、「人が来るたびにこの洗いをつくらしてはご馳走した」という。

石川県の山中温泉は大聖寺川の上流にある。この川では、江戸時代から加賀毛バリによるアユ釣りが盛んに行なわれており、１６８９年（元禄２）新暦９月には『奥の細道』の俳人松尾芭蕉一行も滞在。その期間中に、香魚（アユ）やゴリ（カジカ）、ヤマメなどを賞味したことがわかっている。

なお、魯山人が洗いを食べた増喜楼はすでに廃業している。

料理は食材の新鮮さが第一、腕は二の次

現在、アユ釣りといえば、通常は友釣りのことである。ハリをセットしたオトリアユを流れに放ち、アユのナワバリに侵入させる。すると、ナワバリを持ったアユが追い払おうと突撃してきてハリに掛かるという、世界に類例のない釣法である。

この釣りの要諦は、1にポイント、2にオトリ、3、4がなくて、5に腕前といわれる。ポイントとは、ナワバリアユがいる場所であり、アユがいなければ魚も釣れないわけでこれが1番であることは動かしようがない。

そして2番目のオトリとは、オトリの元気度である。いいオトリはナワバリアユのいるポイントまでスイスイ泳いでくれるが、弱ったオトリはいかなる名手でも扱いに苦労する。だから、どんなに腕の立つ釣り手でも、新しい元気なオトリを持つ初心者に釣り負けることがしばしばある。つまり、同じ場所で釣るのであれば、釣りの腕よりもオトリの元気度のほうが重要ということである。

そして魯山人は、「おいしいごちそうを作るにはどうしたらよいでしょうか?」と聞かれて、平野雅章編『魯山人の美食手帖』の中の「材料か料理か」で、次のように答えている。

「おいしいごちそうというのは、上手な料理法ということは第二義で、実に材料だけだ」と。

友釣りの場合のオトリと同様、料理は素材の新鮮さが第一というわけだ。

続けて、中国では「材料が六、料理の腕前が四」といわれるが、中国は材料が悪いからだといい、日本は材料の質が段違いにすぐれているから、「材料の功が九、料理の腕前はその一しか受け持っていない」と断言。腕ではなく、材料の新鮮さを含めた質(おいしさ）で9割がた決まるというのだ。

材料の質については、エビを例にこう言う。

「同じえびでも、本場のえびは大分味が違う。なるほどとおもうまでにうまい。場違いのえびを、いくら巧みに料理しようと工夫しても、本場の手頃のえびにはかなわない」

場違いというのは、本場の産ではないということである。

また、「同じ魚を手にしても、その魚のいちばんおいしいところはどの部分か知らねばならぬ」といい、「ある魚はしっぽの方がうまいが、また他の魚は腹の薄身がいちばんおいしいというふうに吟味するがよろしい」とも。

そして、最も肝心なことは「この魚（材料）は時を経ているか、新鮮かを見分けることができなければならぬ」という。

新鮮第一、獲りたて第一、生きていればなお最高である。

このように、「料理の美味不味は、十中九まで材料の選択にあり」といい、腕前は経験していくうちに自然に上達してくるというわけだ。

アユは天稟の香気を食う

美味と不味はしかし、いちがいにはいえない。魯山人は、正月のごちそう「数の子」を例にしてこういう。

「私は正月でなくても、好物としてふだんでもよろこんで（数の子を）食っている。なかなか美味《うま》いものだ。／さて、どんな味があるかと言われてもちょっと困るが、とにかく美味い。しかし、考えてみると、数の子を歯の上に載せてパチパチプツプツと噛む、あの音の響きがよい。もし数の子からこの音の響きを取り除けたら、到底あの美味はなかろう」

（平野雅章編『魯山人味道』の「数の子は音を食うもの」）

確かに、数の子そのものの味は、「ウマイ！」と舌つづみが打てるような代物ではない。あの「交響楽」のように口中から脳髄へと響きわたる〝噛み味〟がなかったら、ほんとうにつまらない食べ物になるだろう。つまり、舌の上の味わいだけで美味不味を判断する愚を説いているのである。

では、アユはどうなのか、魯山人のアユを食す流儀とは——。前出の『魯山人味道』を中心に探ってみよう。

まず、次のようにいう。

「一番理想的なのは、釣ったものを、その場で焼いて食うことだろう」

と。生きているアユを串刺しにし、塩を振って河原で焼いて食べる。これができるのは釣り人の特権である。しかし、焼き方、食べ方を誤っては台無しだ。

「はらわたを抜かないで塩焼きにし、蓼酢《たです》によるのが一番味が完全で、しかも香気を失わないでよい」

アユは塩焼が一番であり、「醤油をつけて照り焼きなどにすれば、醤油の香りや味醂に邪魔され、その天稟《てんぴん》の香気は、たちまち滅してしまう」のである。先の数の子は〝音を食う〟のに対して、アユは「天稟の香気」、すなわちアユだけが持つ独自の香りを食うということであろう。であるから、「そのはらわたを抜いてしまったのでは、鮎そのものの味覚価値は語るまでもないことになってしまう」とまで書いている。

真のアユ好きは、頭のエキスまで食う

そして塩焼は、焼き上がったら間を置かず、「うっかり食うと火傷するような熱い奴をガブッと」やれとも。

この「ガブッとやれ」とは、「小口かぶりに頭から順次かぶって食うのが、真に鮎食いの食い方である」ということである。上品ぶってはしで身をほぐしたりして食べるのではなく、焼きたてを、頭からかぶりつき、尻尾まで完食するのが一番というわけだ。

これを補足するように、魯山人は昭和8年7月5日の日本倶楽部での講演録で次のように力説している。

「塩焼きは頭から食え。頭の中のエキスがうまい。骨はかんで吐出す。はらわたは無論美

味」

解禁初期のまだ骨の脆弱《ぜいじゃく》なアユなら、歯が普通に丈夫であれば中骨もそれほど問題なく食べられる。アユの頭も、じっくり噛みしめていくと実に滋味ゆたかで、これをネコのエサや、生ゴミにだすなどはまことにもったいない所業といわざるを得ない。はらわたどころか、骨の髄、頭の髄まで味わってこそ、「真の鮎食い」であろう。

「頭と腹の部分とを食い残し、背肉ばかりを食うようなのは言語道断で、せっかくの鮎も到底成仏しきれない」

とはいっても、近頃の養殖アユにこんな無理強いをするわけにはいくまい。あくまで、清冽な流れに育った天然アユの場合に限る。

淡麗風雅な味わいの極

魯山人が塩焼以上の熱をもって推すのは、子供時代からの憧れの食べ方、活きアユの「洗い」である。

洗いは刺身の範疇にあり、普通の刺身との違いは鮮度である。ものの本によれば、刺身は締めて死後硬直中かその後。洗いは締めてすぐ、死後硬直が始まる前の刺身のこと。つまり、洗いのほうが刺身より鮮度が上なのだ。

「鮎の五、六寸ぐらいの」というから15～18㎝の活きている若アユの頭を落として「三枚におろし、片身を斜めに五、六枚につくり、蓼酢《たです》、わさびなどを調味に添え、肉のいかったのを食う」

薄い削ぎ切りで片身5、6枚、1尾分で10～12枚に切り分けて盛りつける。「肉のいかった」とは、活きがよく反り返った切り身ということだろう。その食味は、「鮎特有の澄んで、うるみのある匂いにからんで、一種の天才そのもののような肉の味わいが感覚される」

と表現されている。

「天才そのもののような肉の味わい」とは、清冽な川育ちのアユに備わる天から与えられた味わいと解釈できる。これに「澄んで、うるみのある匂い」がからんで、口中に淡麗夢幻の味わいが充《み》ちる。

「現地で、しかも、食膳のあたりに山嵐の気でも迫るようであれば、いよいよもって得たり賢しである」

活きアユの洗いは、魯山人にとって、風流風雅の食道楽の果てに見えてくる味わいの極といえるものだったのである。

※機関誌『星岡』からの引用部分は現代文にあらためています。

※主要参考文献
・機関誌『星岡』第56号、第69号など（星岡窯研究所）
・『北大路魯山人の星岡』第1～第4巻（秦秀雄監修／東洋書院）
・『魯山人の美食手帖』（北大路魯山人著、平野雅章編／角川グルメ文庫）
・『魯山人味道』（北大路魯山人著、平野雅章編／中公文庫）
・『北大路魯山人』上・下巻（白崎秀雄／ちくま文庫）
・『知られざる魯山人』（山田和／文春文庫）
・『北落師門』（小島政二郎／中央公論社）
・別冊太陽「永遠なれ魯山人」（山田和編／平凡社）
ほか

◎北大路魯山人（1883～1959）

不幸な生い立ちにもかかわらず、独学で書画、篆刻、陶芸、絵画、骨董、料理などに精通。その芸術的、美的センスは天才的で、京都、金沢、東京などの数寄者や政財界人、文人ら、幅広い通人から支持を得る。大正14年、美食の殿堂「星岡茶寮」を東京・山王の森に開く。独創の料理を独創の器に盛って提供する魯山人流のもてなしは食通たちをとりこにした。とくに、茶寮の庭を利用した夏の宵の美食イベント《納涼園》では、京都「和知川のアユ」を生きたまま茶寮に運び込み、塩焼や洗いで提供して喝采を博した。

佐藤垢石

諸国の川をめぐり、アユを食べ歩いた
伝説の釣り名手がたどり着いた
究極の境地――
肉などどうでもいい！
アユの耽味《たんみ》は頭と背骨にあり！

「鮎が来たら、二人で精いっぱい釣ろうね」

佐藤垢石といっても、いまや太平洋戦争前夜に刊行してベストセラーになった随筆『たぬき汁』の著者として、わずかに記憶されている程度だろう。しかし、釣り人の間では文豪井伏鱒二の釣りの師であり、釣り紀行や釣りの実用書の書き手の先駆であり、とくに昭和初期にアユの友釣りを広く世に広めたことで「近代友釣りの祖」として重要な存在である。また、戦後間もない昭和21年7月創刊の釣り雑誌『つり人』の発刊に尽力し、実質的な編集長として戦後の釣りジャーナリズムをけん引した人物としても高名を博している。

筆名の「垢石」は「こうせき」と読む。『坊ちゃん』の夏目漱石の名にあやかったようにも思えるが、「垢《あか》」は釣り人用語で、川の流れの中の石に付着する藻類のことである。アユは、この「垢」を食用として育ち、良質の垢の付着する石を中心にした周囲1m〜数m四方にナワバリを持つ。友釣りは、このナワバリに侵入してくるアユを追い払う性質を利用した独特の釣り方であり、ウキやエサを使う釣りとは趣を異にする。アユを愛し、友釣りをことのほか好んだ風流人にふさわしいペンネームといえるだろう。

垢石は明治21年、群馬県群馬郡の利根川沿いの村の農家の三男坊として生まれ、まもなく同じ村に住む一族の佐藤孝次郎・ケイ夫婦の養子にもらわれる。その養父は無類の酒好きだった。といっても酒乱というのではなく、酒を愛し、盃を傾けながら幼い垢石におとぎ話などを語って聞かせた。垢石はそれを聞きたくて父親の酒の相手をしているうち、知らず知らずのうちに酒の味を覚えた。また父親は村で一番の釣りキチで、その腕前は漁師をしのぐほどだった。家の近くを坂東太郎・利根川が流れ、幼児期の垢石は釣りのお伴によく連れだされ、釣りの腕を仕込まれた。

そのため、「垢石は五歳のときにはもう酒のうまさを完全に覚え、さらに十歳の折りには釣りの醍醐味をほんとうに知った」と、〝垢石の最後の弟子〟を自認する志村秀太郎はその著作『畸人　佐藤垢石』に記している。

志村は垢石より二回り以上若く、垢石とは昭和14年に有楽町の居酒屋で偶然隣席し、お互いに飲んべえ同士、年齢の垣根を超えて意気投合。酩酊の末に師弟の契りを結んだ。雑誌『つり人』創刊にあたっては、志村も副編集長格で巻末に名を連ねている。

父親孝次郎と垢石の親子愛にあふれた釣行の思い出が、昭和13年4月に刊行された垢石著『釣の本』の中の「楢の若葉」に描かれている。新緑が香る利根川の雪代のころのハヤのミャク釣りである。

「その朝まだ薄暗いうちから、私ら父子も田圃の畔まで母に送られて家を出で、利根川の崖下まで行ったのである。父は、二間半の竿を巧みに使った。私は、軽い二間竿で道糸に水鳥の白羽を目標につけ、暁の色を映し行く瀬脇の水の面《おもて》を脈釣りで流した」

早朝の清冽な流れにサオ差す釣り場の点景が、読む人の心に沁みつくような、まさに〝垢石節〟ともいえる美文である。2、3時間でビクは一杯になり、お腹もすいてきたのでサオを納める。その帰り道の父子の情愛に満ちた交流がまた清々しい。

「私は、利根川の崖の坂路を登りながら、遥々《はるばる》と奥山の残雪を眺めた。そして、ぽつぽつと、父の跡を踏んで歩いた。

雑木林へ差しかかった時、父は、

『これをご覧』

こう言って私に、楢の枝を指した。何のことであろうと思って私は、父の指す楢の小枝へ眼をやったのである。楢《なら》の枝には、渋皮が綻《ほころ》びたばかりの若芽が、わずかに薄緑の嫩葉《どんよう》を、のぞかせていた。

『この楢の芽を見な。この芽が樺《かば》色（＝赤みのある黄色）の渋皮を落して、天宝銭くらいの大きさに育つと、遠い海の方から若鮎が遡ってくるんだよ』

こう、父は想出深そうに、私に説明するのであった」

釣りの帰り道に、ナラの木の芽吹きを目にして、父は子に、遥か利根川の河口から遡上してくる若アユの溌溂たる群れが、もうすぐこの地までたどり着くことを教えているのである。そして、こう続ける。

「二人は、いつの間にか路傍の草に、腰をおろしていたのである。

『鮎がきたら、二人で精一杯釣ろうね』

私に諭すように言う。ほんとうに優しい父であった」

「煮びたし」の香味が母の記憶に重なる

やがて、利根川にアユの季節がやってくる。同じ本に収録の「母の匂い」に、遡上したての若アユの毛バリ釣りのようすとともに、幼い日に母がつくってくれた思い出のアユの味が紹介されている。

「五月初めのある朝、父と二人で、村の河原の雷電神社下の釣場へ若鮎釣りを志して行った。（中略）釣場へ着くと大笊《ざる》を、二人の間の浅い瀬際へ浸けてから、鈎《はり》をおろすのを慣わしとした。道糸を流して流れの七分三分のところまで行くと、目標につけた水鳥の白羽がツイと揺れる。若鮎が、毛鈎をくわえたのだ。軽く鈎合せをする。掛った鮎を、そのまま大笊の上へ持ってきて振り落す。

こうして、2時間ほどもすると大笊のなかは、若鮎の背の色で、真っ黒になるのを常としたのである」

先のハヤ釣りの場合と同様に、父子は今回も大漁である。やがてお腹の虫がグウと鳴く。頃合いを見計らったように、崖の上から、「どうだい、釣れたかい？」と母の和やかな声。

母が弁当をこしらえて河原まで持ってきてくれたのである。

「母は坂路を下りてきた。御鉢と、御重を小さな礫の上へ置いた。（中略）母が給仕をして瀬の囁きを聞きながら、親子三人で水入らずの朝の飯を食べたのである」

河原で軽やかな瀬音を聞きながら、釣りの合間の幸せな一家団らん風景である。

「御重のなかには、昨日釣った鮎が煮びたしとなって入っていた。プーンと鮎特有の香が漂う。

それからというもの、私はこの年になるまで鮎の煮びたしに亡き母の匂いを感ずる」

ここで、この見開き2ページほどの掌編は終わる。若鮎の煮びたしのひそやかな香りとともに、父と母の慈愛に包まれてすくすく育つ垢石の幸せな幼少年時代が、絵本のように浮かび上がる。このときの「煮びたし」の匂いはやさしい母親の思い出に重なり、垢石の記憶のひだの中にいつまでも残るのだった。

その後の垢石は、前橋中学に進学。その4年生のとき（当時の中学は5年制だった）、校則をめぐるストライキ事件が起こるが、垢石はその首謀者の1人とみなされて退学処分を受ける。

垢石はこれ幸いとばかりに、青雲の志を抱いて故郷を飛びだし、東京の郁文館中学へ転校。そして早稲田大学英文科へ進む。が、中退して故郷の村役場へ職を得る。

この20歳のころ、垢石は小田原を流れる酒匂川でアユの友釣りを習得する。オトリアユにハリをセットし、これを水中に放ってナワバリアユの攻撃を誘ってハリに掛ける。友釣りで釣るアユは毛バリ釣りのものより一回りも二回りも大きく、掛かったときのサオをひったくるような衝撃や、ハリを背負って激流を突っ走る引きの強さや多彩さは、毛バリ釣りとは比較にならないほど刺激的である。

垢石は、この友釣りに魅了され、やがて報知新聞社に職を得て記者生活をしながら諸国をめぐり、各地のアユ釣り河川を片っ端から釣り歩いた。もちろん、釣ったアユは酒とともに食した。

足かけ19年間に及んだ報知新聞社を退職後は、紆余曲折を経て釣り文筆家として独立し、アユを中心にした〝釣り旅と酒の日々〟をまい進。そして、太平洋戦争突入前夜の昭和16年9月に刊行した『たぬき汁』が大当たり。戦後になって、釣り専門雑誌『つり人』を創刊するに至ったのである。

その伝説の友釣り名手佐藤垢石は、アユの味をいかに楽しみ、また表現したか、著作から探ってみよう。

関東では久慈川、東海道筋では興津川のアユが美味

垢石はアユの釣り人として、日本各地ばかりか、海を渡って大陸にも足をのばしている。

『釣の本』所収の「香魚の賛」には、その体験や伝聞による国内外の〝アユの味比べ〟が記されている。ちなみに、香魚とはもちろんアユのことである。

まず台湾だが、「台湾新竹州の前頭渓、台北州の武老渓などには、尺に余る大きな香魚が沢山に住んでいる」が、「亜熱帯にある台湾の諸川は、水温が高すぎるのでいたずらに大きくなり、肉がやわらかい上に香気に乏しし」いと、アユの味の評価は低い。

韓国にもアユはいるが、「ただ形だけ香魚であるというに止まって」おり、「香気にも食味にも」日本のものとは格段の差があるとこれまた一蹴。では、中国はどうか。

「満州、直隷省、沿海州の一部にも（アユを）産するが、これも半島（＝朝鮮半島のこと）の香魚の味に変わったところがない」といい、「ただ、満州鳳凰山の下を流るる渓流」のアユはあなどれないという。なぜなら、「黄塵の降り込むことがない」ので、「清冽な水が流れている」からだ。大陸にもアユはいるが、川は砂っ川であり、また黄砂のために濁りが強く、食べてもおいしくないというわけだ。

であるから、「日本内地に棲む香魚が、味品ともにいずれの土地より勝れている」と断言。

次は、その日本のアユで、どの地方の、どの川のアユの味がすぐれているか。垢石は、まず次のようにいう。

「筑紫の果から、出羽奥州に至るまで、いずれの川にもお国自慢の香魚が住んでいる」と。

つまり、九州から山形・秋田の奥州まで、〝おらの国のアユが一番〟と思い込んでいる「お国自慢」が多く、それはそれで納得できるという。その理由は、「鮮味を尊ぶ香魚などの魚は、交通機関のない時代」、「己の家のそばを流れる川の魚を無上の味としていた」からだ。

アユは新鮮さが第一で、釣りたて、獲りたてが美味しいのは当たり前。ということは、自分の家の近くを流れる川のものが一番というわけだ。そういえば、以前紹介した『美味求真』の木下謙次郎は故郷の九州豊後の駅館川《やっかんがわ》のアユを日本一とし、あの北大路魯山人も生まれ故郷の京都のアユに太鼓判を押している。

垢石は全国各地を釣り歩き、食べ歩いており、そういう意味では現地の味を心得ている。その垢石がとくに推したのは、関東では栃木県久慈川の大子、袋田あたりのアユで、「簗で漁れた香魚を、簗小屋の炉に燃え立つ榾火《こつび》（＝たき火）の下で葛《かずら》の葉の蒸焼きにして食べた味は、いまもなお味覚に記して忘れ得ない」としている。活アユを葛の葉でくるんで土の下にうずめ、その上に小枝によるたき火を燃やして蒸し焼きにしたものだろうか。

東海道筋では、「第一に興津川の鮎に指を屈せねばなるまい」と、静岡県興津川の名をあげている。

「流程わずかに三里位の小さい川である」が、「河底の岩質も水の質も鮎の棲むのに、まことによく適している」。そして、「香気の高いのは、餌の水垢が上質であるためである」

とし、「ちょっとこの川の鮎位味のいい鮎は、東海道には見当たらない」と絶賛。

北陸では越中の神通川上流のアユ。中国地方は美作国《みまさか》（岡山県）の旭川と錦帯橋で知られる岩国の清流錦川。四国では吉野川や仁淀川。九州は「日田（筑後川とその上流の三隈川）の大香魚」や「肥後の球磨川」を推奨。が、いずれの「香魚も素晴らしく大きい」が、「味は大したものではない」と手厳しい。

これらは垢石が友釣りを覚えた明治40年代から、この本を書いた昭和13年ごろまでの話であり、残念ながら現在はもうそのころとは大きく趣を異にしている川が大半であるといわねばなるまい。

香り、肉、腸、そして頭も骨も

アユの旬は夏～秋で、釣ったり食べたりする時期はだいたい6月～10月の5カ月間である。この間、若アユから夏アユへと成長し、そして老いて落ちアユとなる。アユの味は、この若アユ―夏アユ―落ちアユの時節ごとに、微妙に移り変わるところに妙味がある。

まず、若アユに対して、垢石は次のように書いている。

「六月の若香魚も、清新な味に棄て難いところがあるが、まだその頃は肉脂が充実せず、組織に水分が多いので真の味とは言えないのである。ただ、初物の匂いを喜ぶに過ぎないのであろう」

若アユの味は未熟だが、その匂いは清新で強く、初物としての価値を楽しむのがよろしかろうということだ。

そして、「七八月の香魚が味香共に身上に達した時」が、もっとも美味しい時期としている。

「長い流呈何十里も激流と戦い遡り来て、奥の峡谷に安住の場を求め、そこで充分おいしい水垢を食うと、香魚は首と肩のつけ根に寒天色した脂肪の玉ができる。この玉が、腹の卵に吸収されないうちが、味品の絶頂に達した季で、これは土用に入った七月末から八月下旬までである」

つまり、ほかの動物と同様に「肉も脂も乗り切った青年の頃が、食味のしゅんであろう」というわけだ。

その夏の盛りのアユをさらにおいしく食べるには、どうするか。

「香魚を料理するに、腸《はらわた》を棄てては味の値をことごとく失うものであるのは誰でも知っている」とこれも、大方のアユ通たちと意見を同じくする。しかしそれに続けて、「頭と背骨を食べないでは香魚のほんとうの旨味を口にしたとはいえない。香魚の香気は、頭と背骨とにある」

その頭と骨の食べ方は、こうである。

「これ（頭と骨）を焙《あぶ》って、生醤油で食べたなら、腸にも増した風趣を感ずる」。焦がしすぎないように注意して焼き、熱々に生醤油をさっと垂らしてゆっくり噛みしめるのだ。そして最後に、捨て台詞のように次の言葉を吐く。

「（アユの）肉などはどうでもいい」と——。

つまり、身肉よりも、頭・骨・内臓にアユのほんとうの味わいがあるというわけだ。

また、随筆と紀行「爽涼耽味」の「秋水に味を求む」と題された文章では、水温とアユの味覚の関係に言及し、水温の高い川に棲むアユより「水温の低い川に棲んでいる鮎の方が肉も締り、香気も高い。そして、骨がやわらかいのである」と語っている。

初秋の「冷や冷やと流水が足にしむ」ほどの上流部で育ったアユは、大きいために一見骨が硬そうに感じるが、実はその逆で、冷水育ちなので頭や骨が一層やわらかになって旨さを増しており、「秋鮎の骨は、捨てるものではない」と結んでいる。

アユの耽味は、秋アユの頭と背骨にあり！

肉よりも骨が旨い——これは、相当数のアユを食した者のみが到達できる境地かもしれない。

なお、頭や背骨は素揚げで賞味するといっそう滋味深い。

※佐藤垢石の著作の引用に当たっては現代文に改めています。

※主要参考文献

・『釣の本』（平成1年の復刻普及版／佐藤垢石／アテネ書房）
・『鮎随筆』（佐藤垢石／河出書房）
・『たぬき汁』（昭和28年の復刊版（佐藤垢石／白鷗社）
・『たぬき汁以後』（佐藤垢石／つり人社）
・『垢石釣り紀行』（佐藤垢石／つり人社）
・「つり人」創刊号（復刻版／つり人社）
・『畸人・佐藤垢石』（志村秀太郎／講談社）
・『無冠の華』（もりたなるお／講談社）
・『懐かしい釣り』（高崎武雄／つり人社）
・『井伏鱒二文集③　釣の楽しみ』（井伏鱒二／筑摩書房）

◎佐藤垢石（1888〜1956）

群馬県群馬郡東村上新田生まれ。幼少期から父親の影響で、近くの利根川で釣りと酒に親しむ。中学時代にストライキを先導して退学となり、東京の学校へ転校。早稲田大学英文科に入学するも中退。報知新聞に入社するが、酒と釣りと借金取りに追われて退社。その後、どん底生活のなかで文筆生活に入り、昭和16年に刊行の『たぬき汁』がベストセラーに。戦後、昭和21年に釣り専門誌『つり人』創刊。著書は『鮎の友釣』『釣の本』『つり姿』『続たぬき汁』など多数。

阿川弘之

床の間の月見草を愛でながら、
保津川アユを頭から尻尾まで食べ尽くす

不味いものは食いたくない！

自らの海軍体験をもとにした小説『雲の墓標』『春の城』や、海軍提督三部作『山本五十六』『米内光政』『井上成美』などで知られる硬漢阿川弘之だが、一方ではユーモアと辛辣な批評精神あふれる名随筆も数多く残している。食に関しても造詣が深かった。随筆集『エレガントな象 続々 葭の髄から』の中の「私の幸福論」を取りあげてみよう。

ある日、阿川はひょんなことから、旧制高校時代に読んだヒルティの『幸福論』という哲学書を思い出す。ヒルティという人物も、『幸福論』という本を知る人も、今となってはごく少数だろう。氏の解説によれば、「旧制高等学校の生徒の頃、必読の書と言はれたものの一つで、岩波文庫の邦訳を、私も自分の勉強部屋に置いてゐた」という。「ただし、内容に関しては全く記憶が無い」というから、当時のインテリ青年たち（阿川は東京帝国大学国文科卒である）の書棚を飾る〝インテリア〟の1つだったようだ。

この本は戦災で焼失したため、「六十八年ぶりに読んでみようと」本屋で買い求めて目を通したところ、「ひとが意識に目覚めた最初の時から意識が消えるまで、最も熱心に求めてやまないものは、何といってもやはり幸せの感情である」という箇所に目がとまった。人間は「幸せ」を求めて生きていくということには納得だが、しかし阿川の心には大いなる不満がくすぶった。

それは、人間が「求めてやまない『幸福の感情』の中に、雌雄交合の喜びは別にしても、『食の幸福感』が入つて」いなかったからである。ヒルティは敬虔なクリスチャンであったから、セックスに関しては仕方がないが、「食べる幸せ」はぜひ加えてほしかったというわけである。

阿川は次のように自説を説く。

「生き物が幸福な生涯を送るに必要な基本条件は、食べたい時食べたい物を充分食べられること、その逆は不幸の始まり」だと。

こうした「食」への執着は死の床においても一貫していたと、阿川の死後に娘の阿川佐和子がその著作『アガワ家の危ない食卓』で次のように書いている。

「二〇一五年に他界した父の口癖は、『死ぬまであと何回飯が食えるかと思うと、一回たりとも不味《まず》いものは食いたくない』であった」と。そして、「たまたま自分の気に入らない食事に出くわした日には、『一回、損した。どうしてくれる！』と病床に臥していながら怒り心頭だったそうである。

戦時中の「欲しがりません、勝つまでは」、敗戦後の「竹の子生活」を経験し、その後「ゼイタクは素敵だ！」という夢のような高度経済成長期を享受してきた波乱万丈の戦中派の美食家にとって、生きていることの幸せの第一は、まさに「うまいものを食う」ことであったのだ。

そんな美食家よる「香魚の味わい」とは、いかなるものだったか。

先輩文士の前で塩焼6尾をペロリ

阿川弘之が齢80のときに出版された随筆集『食味風々録』は、食べ物エッセイとしては異例ともいえる文学賞（読売文学賞）を受賞した名著である。その中に、「鮎」と題された名品がある。人生のそこここで出合った「アユ」にまつわる随想である。

まずは、昭和32年の「ちやうど鮎の季節」に文藝春秋主催の講演旅行に初めて招かれて滋賀県長浜市に出かけたときのこと。同行した講師陣は、『青い山脈』『山と川のある町』などの瑞々しい青春小説で人気だった石坂洋次郎、文芸評論家亀井勝一郎、そして毎日新聞に連載の「まっぴら君」で人気がうなぎのぼりだった漫画家加藤芳郎。これに、文藝春秋の若手社員2名が随行。

講演終了後、宿へ帰って夕食となる。アユの塩焼が膳にのぼった。長浜は琵琶湖畔にあり、湖産天然アユの産地である。

「これが旨かつた。何処か近江と美濃の国ざかひあたり、早瀬の玉石につくなめらかな水垢（珪藻）を、鮎が舐めて、それの染みこんだ腹綿が炭火で焼かれて、好い香りがしてゐる」ではないか。「初の舞台を無事つとめ了へた解放感もあり」、阿川は「美味しいなあ」と蓼酢《たです》で貪り食う。そして、「ふと見たら、石坂さんと亀井さんは鮎の皿に手をつけてゐなかつた」。理由を聞くと、

「『僕はこれ、駄目なんだ』

石坂さんが津軽訛りで言ひ、

『さう。僕も苦くて駄目。よかつたら君たちどうぞ』

亀井さんが食膳をこちらへ押しやるやうな手つきをなさる」

仕方なく、「ぢやあ頂戴しようよ」となり、「とにかく私は塩焼計六尾平らげ、大満悦であつた」――。

それにしても、石坂と亀井はなぜアユにはしをつけなかったのか。

阿川は「両先輩の生れ育つた弘前や函館には鮎を食ふ風習がないのかしらと、不思議に思つた」と書いている。アユは暖水を好む魚であり、夏の日照時間の短い北の川では、エサである「水垢」の育ちも悪く、食糧としてはあまり重要視されてこなかったようである。

そのために、弘前育ちの石坂洋次郎と函館の亀井勝一郎は、アユの腹綿（＝腸《はらわた》）の味を知らずに育ち、その独特の香味と苦味になじみがなかったのである。

ただし亀井は、アユ釣りの大先輩である井伏鱒二と戦前河津川（静岡県）でアユ釣りを経験しており、戦後になってアユ釣りを題材にした随筆も書いている。釣りは好んだが、

アユの味は好きになれなかったということだろう。
おかげで阿川は、大好きなアユの塩焼をたらふく食べることができて、〝得をした気分〟になったことは確かだろう。

月見草が一輪咲くごとに2万円

その講演旅行から18年後、阿川は『鮎の宿』という随筆集を出す。志賀直哉、川端康成、三島由紀夫、広津和郎ら、すでに故人となった文学の師や先人、知人、仲間たちの在りし日を回想した内容である。

アユとは直接関連のない本であるが、題名は敬愛する先輩作家の瀧井孝作の俳句から借用したとある。瀧井は文壇随一のアユ友釣りの名手であり、アユを題材にした句も多くあった。

「題名を決めるに際し、『年魚』とも書く鮎の一年かぎりのはかない命を、亡き知友先輩たちの運命と重ね合わせて置きたいような気持も、多少持つてゐた」ようである。

この書名となった鮎の宿とは、阿川が実際に2度ほど食べに行った「洛西保津川に近い鮎料理屋のこと」である。次に紹介するのは、その店での2回目の訪問時の情景である。案内された部屋には、「床の間に月見草のつぼみが活けてあつた」。

月見草は夏の花で、夕暮れに白く咲き始めて淡いピンク色になり、翌朝にしぼむ、はかない命の〝一夜花〟だ。似たような花で、黄色く咲くのは宵待草である。

「小ぶりの鮎ずし、胡麻豆腐、そんな物を肴に、鮎が焼けて来るまでちびちび盃を傾けてゐると、そのつぼみが一つ、音もなく開く。聞えるのは、井戸水の生け簀で魚のはねる音だけ」

閑寂とした夏の夜の座敷に、「どうぞゆつくり召し上つとくれやすや。ゆつくりしておいやすと、月見草が又咲きますえ」と京女のたおやかな言葉。

「言はれる通りゆつくり、二度塩焼のお代りをし、月見草のぽつかり開くのも三遍か四遍か見て、満ち足りた気分で勘定書を求めた」のであった。この価格を見て、阿川は現実に突き戻された。感情のふるえを押し隠し、タクシーに乗り込んでから、連れにいう。

「つぼみが一つ花開くごとに、ざつと二万円だぜ。一輪二万円の宵待草は高過ぎるだろ、おい」

月見草と宵待草は同じ花ではないが、日本では同一の花として混同されていることが多い。太宰治の有名な「富士には月見草がよく似合う」も、実際は黄色い花の宵待草のことである。それはさておき、一輪咲くごとに2万円ということは、ぽっかり開くのを「三遍か四遍」見たというから、お代はざっと8万円ほど。連れが、清冽な若アユのような女性であれば文句もいえないが、「おい」と呼び捨てにしているところから、それはどうやら奥方のようである。

この高額な勘定書に感情を害したか、それとも京都のアユの「腹綿」の苦味が強烈すぎたか、塩焼の味には一言もふれていない。それどころか、その料理屋には「それきり行つてゐない」とアガワ先生、大憤慨。

黒鉄ヒロシから届いた那珂川のアユ

アユに関しては、次のようなエピソードもある。それは、『坂本龍馬』『新選組』などの作品で知られる土佐出身の漫画家黒鉄ヒロシから、「那珂川の鮎がたくさん届いた」ことから始まる。

発送は栃木県烏山の川魚商からで、「此の鮎は、光沢からしてよかつた」が、突然送られてきたため蓼酢の用意がない。方々探したが手に入らず、仕方がないから「かぼすとすだち」を買ってきて、塩焼に。

「萬葉集にたびたび『若鮎』が出て来るが、火と塩なら奈良朝推古朝の人たちも日常ごく普通に使つてゐたはずで、鮎はやはり塩焼が、古来変らぬ正統な食べ方であらう。かぼすを絞りかけて食つて、結構美味しかつた」

最後の「結構美味しかつた」は、まあ旨かったという表現であり、そこには蓼酢で食えなかったことの無念さがにじんでいる。それでも、那珂川の大量のアユを3日間で食べきった。アユが好きということもあるが、新鮮なアユを冷凍保存にするなどは、送り主に失礼ということでもあっただろう。

「年少の頃、鮎を食べる時の作法、骨抜きの手順、何処が一番旨いかを教はつて、今もそれを覚えてゐるし守つてゐる。塩焼が出たら背骨一本残すまいと思ふ。化粧塩を盛つて焦がした尾鰭も食べてしまふし、最後は頭に齧りつく」のが阿川流である。先ほどの〝保津川の、お高くとまった〟8万円鮎〟との筆熱の違いは一読瞭然である。

ところがここで、やっかいな問題が起こる。

阿川が塩焼にカジリついていると、「どの鮎も、恨めしげなきつい顔立ち」をしていることに気がつき、天然アユと養殖アユの顔かたちは本当に違うのか、興味を覚える。そこで、アユに詳しい瀧井孝作はどう思っているかと、彼のアユ随筆を拾い読んでいたところ、「驚くべき記述があつた」のである。

「只今現在那珂川の鮎を美味しい美味しいと思つて食べてゐる私」だが、「(瀧井さんは)那珂川の鮎は実にまづい」と書いていたのである。詳しく読むと、「栃木県の烏山の下流で釣つて、持ち帰つて塩焼にしたが、まづくて一と口以上誰も食はず、あとは捨ててしまつたと――」

食い物にうるさく、舌に確たる自信を持つ元海軍大尉の面目は丸つぶれである。土佐の

「司牡丹」の蔵元に生まれた黒鉄ヒロシが、「店を選びに選んで烏山の川魚商に決めて送らせてくれた、その、我が食卓の精悍な鮎と、およそ話がちがふ」と愕然。

しかし、「同じ那珂川の流域でも、枝川に入ると良い所もある」、「烏山の近くの枝川の荒川という川の鮎は良いと云はれる」という続きを読み、少しホッとするのだった。

「その枝川の鮎が『那珂川の鮎』の名で届くのか、不可解だが、あの世の瀧井さんにきいてみるわけにも行かず、鮎釣り渓谷歩きの経験を持たぬ私には、判断がつかなかつた」とこの逸話を曖昧にメている。

阿川弘之と瀧井孝作は、同じ志賀直哉門下であるが、瀧井は古株であり、阿川は最後の弟子だった。兄弟子が「まづい」としたアユを、弟弟子が「美味しい」とめでるのは、なんとも具合が悪い。しかし考えてみれば、瀧井の生れ故郷は岐阜県高山市。周りには、指折りの美味アユを産する馬瀬川を筆頭に、飛騨川や宮川、ひいては長良川や和良川などアユの名だたる名川が流れている。そのうえ、各地のアユ河川を釣りめぐっているわけで、瀧井の熟練の舌にかかれば、東日本のアユの味は那珂川に限らず、どの河川のものでも物足りなかったのではなかろうか。

※阿川弘之は歴史的仮名遣いにこだわった作家であり、引用に際して原文を尊重しました。

※主要参考文献

・『食味風々録』（阿川弘之／新潮社）
・「食味風々録」（阿川弘之／中公文庫）
・『エレガントな象 続々 葭の髄から』（阿川弘之／文藝春秋）
・『座談集　文士の好物』（阿川弘之／新潮社）
・『阿川弘之全集』（第2巻、第20巻など／新潮社）
・『アガワ家の危ない食卓』（阿川佐和子／新潮文庫）
・『釣の楽しみ』（瀧井孝作／二見書房）
・『釣の名著50冊』（世良康／つり人社）
ほか

◎阿川弘之（1920～2015）

広島市生まれ。広島高等学校時代、文芸部で短編数編を発表。このころ志賀直哉を耽読。昭和42年9月、東京帝国大学を繰り上げ卒業し、海軍予備学生として入隊。敗戦時は海軍大尉として中国漢口に赴任中だった。翌年復員し、志賀直哉や文藝春秋の池島新平らの応援を得て小説家への道を志す。28年、『春の城』で第4回読売文学賞受賞。その後、『魔の遺産』（29年）、『雲の墓標』（31年）など戦記物を立て続けに刊行。ほかに『山本五十六』（新潮文学賞）、『井上成美』（日本文学大賞）、『志賀直哉』（毎日文学賞、野間文芸賞）、『食味風々録』（読売文学賞）など。また、釣り関連のユーモア小説『鱸とをこぜ』、趣味の乗り物を素材にしたロングセラー絵本『きかんしゃ　やえもん』（絵＝岡部冬彦）なども。

獅子文六

《鮎と蕎麦食ふて我が老養はむ》
一晩26尾！　どんな魚よりもアユを好んだ
食いしん坊文士のこだわり

身の脆美《ぜいび》さ、匂いの清らかさ、形のよさ

前回で、作家の阿川弘之は、石坂洋次郎と亀井勝一郎が旅館でだされたアユにはしをつけなかったので、その分を自分が食べたエピソードを紹介した。二人はアユ独特の苦味が苦手だったようだ。ほかにアユを好まない作家といえば、『海峡』『受け月』『いねむり先生』などの伊集院静がいる。伊集院の随筆集『作家の贅沢すぎる時間―そこで出逢った店々と人々―』にこんな一節がある。

行きつけの銀座の焼鳥屋で飲んでいて、店主の趣味がアユ釣りと知るや、伊集院は、自分はアユを食べないと発言。すると店主は、「先生は鮎がダメですか？　季節になりゃ送ろうと思ったのに残念だ」と応じる。これに対して、

「悪いナ。しかし、それが丁度いいんじゃないか。毎年、嫌いなものが家に届いちゃ、迷惑だ」

確かに、嫌いなものをもらっても迷惑なだけであるが、ここまでいい切ると、かえって潔さを感じる。こうした、白黒のはっきりした振る舞いこそ、すなわち伊集院のいう「大人の流儀」なのだと思えば、納得だ。

昔から、「食べ物と異性の好みは人それぞれ」というが、アユは川魚であるために味わ

いは淡泊で、マグロなどに比べれば頼りなさがあり、好みではない人がいることはうなずける。また逆に、この「淡泊さがたまらないほど好き」と惚れこむ者も少なくない。そうしたアユ党を代表する作家といえば、獅子文六である。

文六は徹底した食いしん坊として知られる。食べものに対して御託を並べることを好まず、ただ「ウマイものは、ウマイのだ」と無心に食った。なかでも、アユへの耽溺ぶりは徹底していた。

獅子文六流の食いしん坊哲学を世に知らしめた1冊『食味歳時記』の中の「鮎の月」を開いてみよう。

「鮎とソバは、若い時分から私の好物だった。魚のうちで、何を最も好むかと、問われれば、私は躊躇なく、鮎と答えたろう」

ソバはさておき、ウナギやフグなど数ある魚介の美味珍味のうち、生涯にわたって第一の好物としたのは、アユであった。

本書が刊行されたのは昭和43年であるから、当時の文六は73歳の老境にあった。これまで、およそ50年間にわたり、アユを賞味し続けてきたわけである。なぜ、それほどまでアユの味に惹かれたのか。

「身の脆美さ、匂いの清らかさ、形のよさ、すべて、好きだった」

脆美《ぜいび》とは、『漢語林』（大修館書店発行）によれば、「やわらかくてうまい」という意味。

「脆」は、もろい、やわらかい、こわれやすい、よわい。「美」は説明するまでもなく、うつくしい、うるわしい、すぐれているなどのほか、うまい、おいしいの意味もある。だから、美食とはうまい食べ物、美酒はうまい酒、美味は味がすぐれていること。

ただし、脆美が「やわらかくてうまい」の意味だからといって、たとえば豆腐などをやわらかいからといって脆美というには無理がある。脆美という語感からは、アユの魚体の清凛な美しさ、香りの淡麗さ、また清流でひと夏の命を燃やし尽くすはかないアユの宿命をも想わせて、単に「やわらかくておいしい」というだけでは表現しきれない情味の深さが感じられる。

26尾でもまだ足りない？　鬼気迫る食い気

若いころの文六は、アユを舌ではなく胃袋で味わい尽くしていた。どれほどの「アユ食い」だったのか。

「一生のうちで、鮎を最も多量に食べたのは、長良川の宮内庁の御漁場へ、呼ばれた時だったろう」という。「7月初旬の夕闇が迫る頃」の鵜飼見物である。鵜飼は中流域で行なわれるが、見物の後は上流の田舎風の宿に帰って、アユ尽くし料理となる。獲れたての塩焼、魚田、フライなどが次々運ばれてくる。

文六はしかし、「私は、塩焼が好きだから、そればかり頼んで、片端しから、平らげたが、遂に二十六尾食べて、止めて置こうという気になった」。いかにアユ好きとはいえ、さすがに26尾はないだろう。7月初旬のアユといえば、若アユから盛期のアユへと成長途上のはつらつと清潤な味わいである。

アユを食べるといっても、文六のそれは、はしで身を突つくというような生やさしい食べ方ではない。「一尾の塩焼を、頭部も尾も、全部食べ尽さないと、気が済まなかった」というから、頭からかぶりついて、骨や内臓はもちろん、尻尾のカリカリまで丸ごと平らげなくては食べた気がしないのである。

しかも、「その年の一月に、私は胃潰瘍で、開腹手術をしたばかり」であったというから、開いた口がふさがらない。それだけではない、翌朝はアユ雑炊を胃袋にかき込み、その夕には川下でまた塩焼を食べ、「鮎の味は、上流のほうがよかった」と感想をのたまっている。「とにかく、生まれてから、あの時ほど、鮎を多く、食ったことはなかった」と回想し、その後に次のように続けている。

「それでも、食べ飽きたという気にはならなかった」

まだまだ、だされればいくらでも食ってやるぞという、ちょっと大袈裟だが鬼気迫る〝食い気〟が伝わってくるではないか。

自宅の庭でタデを栽培して、解禁日を待つ

ただし、ただ量を食べれば満足というわけではない。おいしいアユを、いかにおいしく食べるかということにも人一倍こだわった。

「よほど、好きだったのだろう。六月一日の解禁を、毎年、待ちかね、酢に混ぜる蓼《たで》も、庭の片隅に植えて、その日のために備えた」という。

この、アユにタデの薬味は昔から定番の組み合わせである。タデは、スーパーや八百屋でもまず売っていない。ぜひ必要というなら、河原に自生しているのを採るか、自ら育てるしかない。アユとタデは文六にとって、昔流行したCM風にいえば、〝タデのないアユ料理なんて、◯◯のないコーヒーみたいなもの〟なのである。自家栽培していれば、必要なときにいつでもタデ酢で食える。レモン汁などで代用するなど、アユを侮辱しているとでもいいたげである。

タデは、〝蓼食う虫も好き好き〟のことわざがあるように、茎や葉全体に独特の香りと辛味があり、蓼虫（甲虫の一種）しか食わないとされる。普通にタデといえば、柳タデ（本タデ）のことであるが、辛味が最も強いのは紅タデといわれ、「塩焼には紅タデが一番」とこだわる者もいる。文六がどっちのタデを栽培したかは定かでない。

アユが1年魚であるように、タデも1年草だ。秋に実がなり、この種子を春にまけばすぐに芽をだし、アユが解禁する初夏ごろに若葉が繁る。自邸の庭の片隅で日に日に大きくなり、緑を濃くしていくタデの成育を見ながら、「鮎の月（6月）」がやってくるのを心待ちにするのは、風流の極みではないか。

ついに、その日がやってきた。

「若鮎は、味として、頼りないけれど、匂いの点では最高である」。アユは身よりも、匂いがうまいということは、本書でも再三語られている。同じく、塩焼は熱いうちがうまいと、アユ好きのお歴々はたいていそうおっしゃっている。

「（料理屋などで）人肌ぐらいに冷めたのを、持ってくるところがあるが、あんな鮎なら、わが家で食う方が、どれだけいいか、知れない」と、文六もこれだけは譲れない。そのため、

「私は、廊下に、七輪を持ってきて貰って、食卓との距離の短縮を、図るのだが、細君が、焼串からジカに、皿の上に外すのを、すぐに、食べる」

焼けたアユが皿に盛られて台所から食卓へ運ばれてくる、そのほんの十数秒程度の時間だろうが、その間にアユが冷めるのが気にいらないのだ。

その焼きたての熱々を、自家栽培のタデでこさえたタデ酢に浸し、頭からかぶりつく。また、アユには酒が欠かせない。

「鮎の塩焼に、酒は何が合うかと、考えて見たのだが、無論、日本酒に超したことはないが、冷やした白ブドー酒が、案外の調和を、教えてくれた。懐石の料理で、他にもいろいろ出るのだったら、日本酒が合うだろうが、私のように、鮎の塩焼ばかり、ムシャムシャ食うのだったら、或いは、冷たい白ブドー酒が、最適といえるかも知れない」

かしこまった宴席などでは、いろいろな料理がでてくるが、アユがあるとなれば、文六は基本的にアユ以外はほとんどはしをつけない。だから、必ずしも日本酒に限るというわけではないのである。

いまでこそ、「アユと冷やした白ワイン」は違和感がない。若いころの獅子文六は演劇の勉強のためにパリに渡り、画家の藤田嗣治らと交遊し、フランス娘をめとった。ということは、ワインに関しては本場仕込みなのである。

若アユが手に入ると、廊下に七輪を持ちこんで塩焼にし、自家栽培のタデでタデ酢をつくって、白ワインとともに焼きたてをガブリッ！　口中でアユの香りとワインの香りが手を取り合うように混じり合う――獅子文六の、初夏の夕べの至福が目に浮かぶ。

山陰・高津川の美味アユ

「長編小説一つ書きあげると、旅行に出かける癖が」あると、文六は「冬の旅の食」（『続飲み・食い・書く』に収録）に記している。旅の目当ては、いうまでもなく、「うまいものを食うこと」である。

昭和37年、69歳のとき、山陰へ旅立つ機会を得る。季節は「梅雨時」とあるから、解禁したばかりの若アユが目的であることは、容易に察しがつく。随筆「山陰紀行」（前出の『続飲み・食い・書く』収録）に、その山陰アユ旅のことが書かれている。

羽田発七時五十分の全日空機に乗り、大阪空港で米子行きの小型機に乗り換える。当時、東京からの直行便はなかった。分厚い雲の中に一瞬、伯耆大山の一部が青く見えるが、「すぐ、雲間に没した」。雨の米子へ着く。ここでは皆生温泉で精進料理。「シミ豆腐とフキノトウのツクダ煮がうまかった」と質素にすませている。

その夜は宍道湖畔の皆美館で、郷土料理の「スズキの奉書焼き、アユの竹むし」に舌つづみ。2日目の昼は出雲大社の「荒木屋という店で、名物の出雲ソバを食う。ソバはうまかったが、ツユがひどく甘い」と容赦がない。松江にもう1泊して、3日目は昼に『八雲』というウナギ屋」でかば焼き、夜は玉造温泉で「安来節《やすぎぶし》の準名人という連中の芸」を鑑賞。食いものの記述はないが、ドジョウは確実に味わったろう。

さて、4日目の益田市が、文六にとって、今回の旅のハイライトである。

この山陰行は、実はＮＨＫからの話であって、米子、松江では、それぞれの支局長が出迎え、案内してくれたが、「ここ（益田市）には放送局がなく、通信員が市長の車で、市役所の人と迎えに」でてくれた。

なぜそんな、観光地でもなく、支局もない地方の小さな町に降り立ったのか。

「益田市へきた目的は、鮎《あゆ》を食うためにある」

ここにいたって、文六の今回の旅の魂胆が露わになったのである。

益田市といえば、高津川という美味アユで名高い名川が流れている。この川のアユの味は、支流の匹見川ともども、山陰地方一との評判である。事実、平成5年に石見空港が開設して数年は、夏に羽田からＡＮＡの「アユ釣りツアー」が組まれたほどである。

そしてここでは、「サシミ、スノモノ、塩焼、魚田、鮎ズシと十二疋《ひき》分を食べた」。

若いころの半分以下だが、「山陰へきてから、毎日鮎を食べるが、益田の鮎が一番だった」と期待どおりの味に満足する。しかし続けて、「(益田の鮎が一番だった) ことは、事実だが、今年の鮎は、どうも、水っぽい」と、老いてなお鋭敏な舌は、つい文句をつけてしまう。

匂いは若アユ、味は子持ちが優る

食べ物の好みは、年齢とともに変わってくるものだ。文六も例外ではない。

「鮎というものは、若鮎か、初秋の子持ち鮎か、どちらかのものだろうが、長い間、私は若鮎党だった。つまり、鮎の香りを、喜んだからだろう。あの香りは、鮎以外の魚になく、そして、いかにも初夏の爽やかさを、味わわせるからだろう」と、まず若アユを愛で、次のように続ける。

「しかし、味という点をいうなら、子持ち鮎が優る。形も見事であり、食べでもある」と。好みが変わったのは、「愚妻が山口県岩国に縁があって、そこの人から、毎年、初秋になると、鮎の大和煮というものを、送ってくる」が、「私は最初はバカにして、箸をつける気にならなかったが、近年になって、これは別種の鮎料理であることを覚り、食べて見ると、なかなかのものである」と納得したからである。

岩国を流れるアユの川といえば、錦帯橋で知られる清流錦川である。先の高津川が日本海に注ぐのに対して、錦川は瀬戸内海に流れ込む。最下流部の錦帯橋の真下でもアユは釣れる。姿、形、色、そして味にもすぐれ、最上流部の宇佐川のアユは【清流めぐり利き鮎会】（高知県友釣連盟主催）で2度の優勝、1度の準優勝を誇っており、その味は先の高津川のアユに優るとも劣らないというのが、釣り人たちの評価である。

アユの大和煮とは、腹にいっぱい卵を持った立派な子持ちアユを、ショウガをきかせて煮込んだ、甘露煮、しょう油煮の類だ。

「ただ、味つけが甘く、形も大きいので、鮎好きの私も、一尾を平らげるのに、骨が折れるが、マズいとは、思わなくなった」

大和煮にはしかし、1つ不満が残った。それは、「鮎の香りなぞは、どこを探しても、行方が知れない」ということである。

秋の落ちアユには、若アユのころの溌溂と爽やかな香りは大方失われている。そのうえ身は硬く、コトコトと弱火で長時間、甘辛く煮込んでつくられる。そのためにアユの香りが〝行方不明〟になるのは、仕方がない。しかし、その代わり、脆美から熟美に変わった身肉や臓腑、卵の滋味は、老体の隅々にしみわたっていったであろう。

昭和44年の「鮎の月」に、獅子文六は若アユの味を求めて、備中（岡山県）高梁川上流の城下町高梁を訪ねている。宿は「油屋」という江戸時代から続く古風な旅館。眼下には初夏の陽光にゆらぐ高梁川の清流が流れ、釣り人たちが川に入ってサオを構えている。

ここで、刺身から始まるアユ料理一式を堪能。このアユ旅に随伴した足田輝一（当時朝日新聞出版局次長、後にナチュラリスト）は、『獅子文六全集』の月報№16（昭和44年8月）にこのときのようすを書き残している。

「料理はあゆ一式、さし身から始まった。なかでも、あゆと卵ぞうめんの束を抱きあわせ、のりでたばねて、カラッとから揚げにした一皿が珍しかった。頭からかぶりつくと、カリカリとしたそうめんの歯ざわりとともに、ほろ苦いあゆのわたが舌にしみて、山峡の風味がおのずから口中にあふれる」

一同は、山峡の風味を1人当たり8、9尾、胃袋に収めた。「文六先生」にとっては、かつての記録の3分の1ほどの尾数だが、それでも充分満足して、宿の女将の求めに応じて、色紙に一句したためた。

《鮎と蕎麦食ふてわが老養はむ　文六》

その年の12月13日、獅子文六は76歳で、〝鮎の生涯〟を閉じている。

※主要参考資料

・『作家の贅沢すぎる時間―そこで出逢った店々と人々』（伊集院静／双葉文庫）
・『食味歳時記』（獅子文六／文藝春秋）
・『飲み・食い・書く』（獅子文六／角川書店）
・『続飲み・食い・書く』（獅子文六／角川文庫）
・『私の食べ歩き』（獅子文六／中公文庫）
・『獅子文六全集16巻』（朝日新聞社）
・『日本文学全集20　獅子文六』（新潮社）
・『評伝　獅子文六　二つの昭和』（牧村健一郎／ちくま文庫）
・『食味風々録』（阿川弘之／新潮社）
ほか

◎獅子文六（1893〜1969）

神奈川県横浜市生まれ。慶應義塾大学中退。29歳でフランスに渡り演劇を学ぶ。帰国後、岸田國士らと文学座を興し、本名の岩田豊雄で劇作家、演出家として活動。また、獅子文六の筆名で小説を発表して、ベストセラーを連発。戦前は『金色青春譜』『悦ちゃん』『海軍』など。戦後は『自由学校』『てんやわんや』『大番』『娘と私』など。ユーモアとペーソスに辛辣な皮肉をまじえ、激動の昭和時代の日本人を自由闊達に描いている。

福田平八郎

日本画の大家にして、アユ釣りの名手。
写生の鬼がとらえたアユの美、
舌がとらえたアユの美味

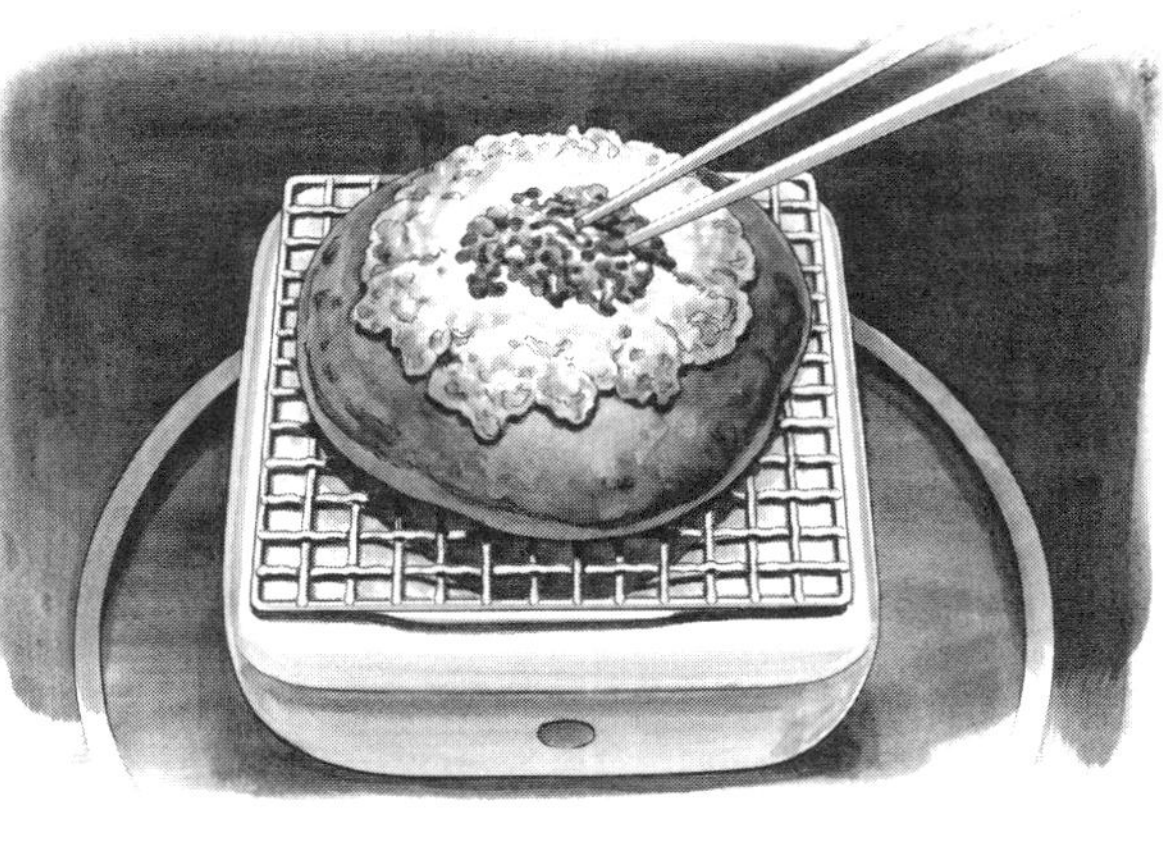

釣りから生まれた革新的な日本画

昭和7年の第13回帝展に、名だたる美術批評家も困惑するような絵が出品された。日本画家福田平八郎の《漣《さざなみ》》と題された作品である。縦156・6×横185・8㎝の銀箔地の画面の全面に、群青色のヒモの切れっ端のような形の波が、不規則に描かれているだけ。しかし、この画面に目を凝らせば、ヒモの切れっ端は形、太さ、長さ、色の濃淡などがそれぞれ異なり、また繋がりあって、いつしかリズミカルに踊りだす。その動きは水面で光り、常に形を変えている〝漣〟に見えてくるから不思議である。

波の絵といえば、北斎の「ビッグウエーブ」（富岳三十六景神奈川沖浪裏）のあの大胆な構図と印象的な色彩が思い浮かぶが、この絵はまるっきり対極にあり、平面的で静的、見た目はまるで「浴衣や手ぬぐいの柄」のようだとも評される。

それから84年後、福田平八郎はすでにこの世から去って久しい平成28年、この絵は、国の重要文化財に指定された。「本作は大正末から昭和初期にかけて起こった日本画のモダニズムを代表する作品」（東京文化財研究所／アーカイブデータベースより）との評価であった。

旧態依然たる日本画の世界に、突風のように革新の風を吹き込んだ画期的な名作なのである。

斬新すぎるこの重文指定の日本画は、いかにして誕生したのか。福田平八郎は語っている。

「ハエ（著者注＝ヤマベ）つりにびわ湖へでかけたときでしたな。糸を落として（同＝振り込んで）アタリを待っていると、波の微妙な動きが目にとまって…。ほほう、波もおもしろいなーってスケッチしたのがきっかけ…」（「ズバリ対談　太公望画伯のアユ談義／京都新聞〈夕刊〉昭和42年6月10日号」）

太公望はエサのついていないハリで天下を釣りあげたが、平八郎は魚が釣れないので水面ばかり見ていて、近代日本絵画史に残る名作をものにしたのである。

明治25年、大分県生まれ。画家を志して京へ上り、釣りは大正8年ごろから始めた。たちまちとりこになり、スケッチに出かけるときも、たいていはサオも同伴。こんなエピソードがある。

琵琶湖で釣りの合間に写生していると、背後からのぞき込んでいていた農夫に声をかけられた。「オッサンー。オッサンはつりもうまいけど、絵もうまいねえ」ってね（前出の「ズバリ対談」より）。農夫は、平八郎の釣り姿をたびたび目にしていて、まさかそのオッサンが絵描きだとは思っていなかったのだ。当時、「一年の三分の一はつりにでかける始末でした」（同）というから、納得である。

ハエ釣りなど淡水の小ものの釣りの次に、琵琶湖に流れこむ川でアユの友釣りを覚える。すると、アユの美しい流線型の魚体と、すばしこく、蠱惑的で、しなやかな流動感にたちまち魅了され、それをスケッチすべく釣り場に足しげく通うようになる。

こうしたアユ釣りに入れこんでいたころの文章が残されている。戦前の月刊美術誌『現代美術』（昭和11年8月号）に寄せた「鮎解禁日」と題された小随筆である。釣り解禁日の深夜2時半に長浜駅（滋賀県）を出発する釣り専用バスに乗り、某河川でのアユ釣りへ出かけるのだが、バスは釣り人で超満員、川に着いて夜が白々と明けると釣り場はサオの放列で、「まるっきり戦争場だ」というほどの大混雑。おまけに、サオをだした途端に雨が降り始め、風も強くなり、身体は冷えてくる。それでも粘って何とか4尾釣ったところで退散。

こんな散々な目に遭ったのに、そのペン先は実に愉快そうに踊っている。実際、平八郎はそのころの自分を振り返って、絵筆と釣りザオさえ持っていれば幸せだったと公言している。

紀ノ川と吉野川のアユを描き分ける

アユを釣り、アユを描き、そしてもちろん、アユは大好物だった。平八郎とアユに関しては、京都発祥の老舗高級懐石「辻留」2代目料理人であり、日本料理研究家の辻嘉一（1907〜1988）との「風味対談」で知ることができる。

この対談は、食べもの月刊誌『あまカラ』の昭和42年8月号に掲載され、辻嘉一の美味雑記集『辻留・料理心得帳』（昭和47年発行）に所収。聞き役に回っている辻は当時60歳。平八郎は75歳で、絵筆を持つ手は健在だが、高齢のためにすでにサオは納めている。この中で、太公望画伯はアユの魅力、味わいのすばらしさを自在に語っている。

まず、アユの面構えについて。

「**辻**　鮎のお話しは何度も伺っておりますが、養殖の鮎と天然の鮎とでは、面構えがちがうそうでございますね。

福田　それはそうです。形も違う。天然のは苦しんで瀬をのぼり、勢いが出ておるのです。瀬をのぼったものは肩が張っています。（写生帖を開かれて）これは鮎です。生きているところを写生したのです。精悍でしょう。

辻　養殖ではこんな顔をしておりませんな。もっとのんびりした顔をしております」

絵筆と釣りザオを持ち歩く平八郎であれば、養殖と天然ものの違いなんぞ、一目で判別できるし、表現できる。平八郎は写生の鬼といわれ、没後におびただしい数の写生帖が残されたが、その中にアユの写生も数多くあり、まな板の上のアユはもちろん、水中のアユの動きなども精妙詳細に、繰り返し描写されている。

大分市の別府湾近くで生まれ育ったため、「海の魚のいいのを食べているから、川の魚は嫌いだった」ようだが、奥さんに焼いてもらって食べているうちに、「焼き方も食べ方も上手」になり、「鮎のいい、わるい」もよくわかるようになったと語っている。

「**辻**　鮎は内臓の少ない、おなかの締まったのが大体よろしいのです。後から見ますと背から下に抜けて見えます。スッとした形のがおいしいようです。

福田　そうです。釣りたての鮎を眺めると、健康体の鮎といいますか、立てて背の方からのぞくと分かりますね。形のよいのというと、京都の保津川、由良川、奈良県の吉野川、岐阜の長良川、この四ヵ所のは毎年貰ったり、行って食べたり、いつも食べておりますが、いいように思いますね」

先に書いたように、老齢のため当時すでにサオを納めていたが、アユは「貰ったり、（現地へ）行って食べたり」していたのである。続けて、平八郎はアユの写生帖をめくりながら次のようにいう。

「これは紀ノ川の鮎で、背が張っています。これは吉野川の鮎だと思います。背の張りが見えんですか？」

紀ノ川と吉野川は同じ川で、上流の奈良県では吉野川と呼ばれ、下流の和歌山県に至ると紀の川になる。かつては天然アユが盛んに遡上していた。養殖と天然どころか、この同じ川の上流と下流の天然アユを判別し、その違いを表現する眼力と描写力を画伯は有していたわけである。画家がものを見る、スケッチする、あるいはデッサンするということは、そういうことなのである。人物1人1人を細密に描写し、その隠れた部分まで表現する感性と技術は、当然アユにおいても発揮される。「背の張りが見えんですか?」という老画伯の言葉に、天下の料理人はたじたじだったろう。

写生は、常に時間との闘いだった。活アユが手に入るのは、夕方の4時か5時ごろ。「その日にとったやつをその日に食べようと思うと早う写生せんならん。写生と味と二た股かけると食べられないようになる。早う食べると写生がおジャンになります。捨てるつもりで写生しないといけない。(笑)」

仕事(写生)のために味を犠牲にするか、いっそ食べてしまって写生は次の機会にするか、どっちをとるか、いつも二者択一のせめぎ合いがあったようである。

珍味、小アユの踊り食い

話題は、アユ釣りに夢中だった壮年のころに移る。

「**福田**（絵を示しながら）これは福井県の北の方で写生しました。

辻　お腹がちょっと大きいですね。腹の大きいのはおいしくないようです。キュッとしまったのがおいしいですな。保津川のアユでお腹の大きいのは少のうございます。

福田　あんまり大きくなるより、解禁後一カ月くらいの香りのあるあいだがいいね。

辻　皮がかたくなってくるとあきまへんな。

福田　小鮎は桐の花が咲くころが一番いいです。花は正直ですから暦よりもあてになります。花の咲きかげんを目やすに釣りに行くのです」

福井県の北の方のアユとは、九頭竜川産だろうか。この川の水は太く、アユは大きく力強く、友釣りで釣れたアユの取り込み法として、〝九頭竜返し〟と呼ばれる豪快な引き抜き技が伝わっている。こうした大アユはしかし、辻のような京都料理の料理人にはあまり歓迎されない。大きさよりも、味と香りを重んじるからだろう。

桐の木は初夏に釣鐘型の紫の花をつける。それが満開になるころの若アユが、香気に満ちて味わいも豊かなのである。普通、季節の移り変わりはカレンダー（暦）を見て知るが、太公望画伯は野の花や昆虫などの移ろいで〝釣りどき〟を推しはかる。春の渓流釣りはヤマブキの花の咲くころ、若アユは桐の花の咲きかげんで見当をつける。そして川筋一帯にセミの歓声が響きわたる盛夏が過ぎ、ヒグラシが鳴き、釣り場へと続く細道に真っ赤なヒガンバナの咲くころは、卵や白子を持った落ちアユの季節となる。

自然のサイクルは雪解けが遅れるなど毎年ちがうし、東西に長い日本列島では北海道と九州では大きな差がある。そのために、カレンダーよりも花や虫などの自然を観察してその土地ごとのオリジナルな季節を知るわけである。それが、「花は正直ですから暦よりもあてになります」という言葉の意味するところである。つまり、自然を見て暦を知るということである。

そしていよいよ、アユの食べ方についての話に移る。

「あちらこちらから、沢山釣りに来ていますが、お酢を入れた青竹の筒を腰にぶら下げて、釣れた小鮎をほうり込んでおき、昼飯の時にこの鮎を引き上げてうまそうに食べたりしている釣り人がいました」

解禁後まもなくの若アユの季節。とくに平八郎の釣りのホームグラウンドである琵琶湖流入河川のアユは、友釣りのオトリに使えないような小さなアユがよくハリに掛かり、これを酢の入った腰の竹筒に入れておくと、昼の休憩のころにはちょうど〝小アユの酢漬け〟が出来上がっているわけである。それを、握り飯のおかずとしたのだろう。河原での酒宴の肴とした呑兵衛たちもいただろう。酢はいまでいう熱中症予防にも効果的といわれ、午後の釣りの元気のもとにもなる。

小アユの踊り食いの経験もした。

「話は別ですが、大阪の千日前の法善寺横丁にある料亭で、どんぶり鉢に小鮎を十匹ばかり生かして、横にコップに酢を半分程入れたのを出し、どんぶりの中で泳いでいる小鮎を割箸で捕まえて、コップの酢に突込んでピチピチするのを食べたことがあります」

これに関しては、著者もアユ釣り初心者のころ、伊豆の狩野川のある食堂で、この踊り食いを体験したことがある。当時の狩野川は東日本のアユ釣りの聖地といわれ、天然遡上の小アユが川のヘチまであふれるほどの盛況だった。

その食堂はオトリ屋も兼ねていて、釣り人たちのたまり場でもあった。そこに、狩野川の今は亡き友釣り名手植田正光先生（歯科医であったため「先生」と呼ばれていた）がいて、「おお、いいところにきたなあ、これ、みんなにおいしいおいしいと食べてもらってたんだが、キミも食べる？」

と湯飲み茶わんを食卓に置いた。中には小さな魚が数匹泳いでいる。「それ、アユだよ。はしでつまんで酢じょう油で食べるんだよ。これ食べると、アユもよく釣れるようになるよ」。

みんなが食べたというので、何の疑いもなく従ったのだが、これが意外に口の中で暴れ回って、噛み砕くのに少し苦労したが、グリグリとした歯ごたえがあって、噛み進むとやがて内臓の苦味と酢が混じり合い、ほんのり甘味もにじみでて、それなりにおいしかったのである。当時、解禁のころの狩野川は、天然遡上のチビアユが水際まであふれていたものだ。

さて、太公望画伯のアユの踊り食いの感想はどうだったか。

「なかなかオツなものでしたよ」

この、たった一言であった。

忘れがたし！　アユのワタの石焼

そして次に、忘れがたい味として、京都・周山で味わった「鮎のワタ（内臓）の石焼」をあげる。季節は、アユの内臓がしっかりした夏の盛りから、卵や白子を持つ秋の落ちアユのころだろう。

「**福田**　あそこ（京都・周山）では、四角でちょっと角がとれたような二十、三十センチくらいの石を集め、（その石を）焼いて、小さい赤塗りの桶のようなものにのせ、その焼け石の上に白味噌を輪のように置き、真ん中に（アユの）ワタだけを置いて、味噌をつけながら食べます。味噌、ワタとじゅんじゅんに焼けてくるのですが、やけどしそうに熱いのをいそいで食べます。（中略）いそがんと真っ黒になる。これがつき出しでおしまいにキモ雑炊もあります」

辻　おいしそうですな」

この話を聞いた辻嘉一は、対談の後に早速、周山へ出かけて「アユのキモの石焼」を試食したと、後書きに記している。尊敬する画伯が感銘を受けた料理とは、いかなる味わいなのか自分の目と舌でしっかりと確かめに行ったのである。

その後、辻嘉一は昭和51年9月発行の『味覚三昧』(中央公論社)の中の「鮎」の項で、「アユの内臓の石焼」を取りあげている。それには、こう書いてある。

「刺身やすしにすると内臓が残りますので、直径三十センチぐらいの平らな石を真赤に焼き、その上に粒味噌で輪をつくり、その輪の中でアユの内臓を焼きながら、味噌で調味をして賞美するのですが、まことに結構な味わいで、盃を重ねたくなります」

平八郎の石焼の味噌は白味噌であるのに対して、辻の場合は大豆の粒を残した粒味噌を使うのが異なる程度で、ほかはほぼ同じ。土手にする白味噌を粒味噌にアレンジしたのは、料理人としての矜持だろう。まさか、自著で同じレシピを紹介するわけにはいかない——。

味噌のほどよく焼けて香ばしい匂いが立ち、内臓はプチプチと泡立つように焼けて、かぐわしい香りを放っている。この両者を割りばしで混ぜ合わせ、好みの味に調整し、熱々をフーフーしつつ舌先に載せ、なめるように味わう。酒は、キンキンに冷えた大吟醸がお似合いか。

まさに、アユは内臓に妙味あり!

※主要参考文献

- 『辻留・料理心得帳』（辻嘉一／婦人画報社）
- 『味覚三昧』（辻嘉一／中央公論社）
- 『食味風々録』（阿川弘之／新潮社）
- 『日本の名画』第22巻「福田平八郎」（中央公論社）
- 「ズバリ対談　太公望画伯のアユ談義」（京都新聞　夕刊／昭和42年6月10日号）
- 『現代美術』（現代美術社／昭和11年8月号）
- 『三彩』臨時増刊「福田平八郎」（三彩社／昭和33年4月15日）

◎福田平八郎（1892〜1974）

大分県大分市生まれ。大分中学在学中に画家の道を志し、京都市立絵画専門学校別科に入学。その後、京都市立美術工芸学校を経て、大正4年に京都市立絵画専門学校に入学。在学中から文展入選の常連となり、卒業後も帝展などで活躍。野外にでて徹底的に自然を直視し、写生に精進した。その結果、写実的な作品から次第に対象物はデフォルメされ、単純化へと傾斜。そして、日本画でありながら抽象画を思わせるような独自の画風が確立された。代表作は《漣》《筍》《雨》《新雪》など。また、趣味のアユ釣りが高じて、さまざまな表情や動きを見せる《鮎》の連作も高い評価を得ている。

瀧井孝作

釣り人ならではのユニークな視点
若アユよりも、成熟したアユがうまい、
香気も水垢をたっぷり食べた
真夏のほうがよい

友釣りの「釣味」は激流の大鮎にあり

文壇への登竜門といわれる芥川賞が創設されたのは昭和10年。この第1回から選考委員をつとめ、昭和57年まで長きにわたって重責をこなした瀧井孝作。その文学的な眼力は、文壇の雄・川端康成も一目置いていたといわれる。瀧井は釣りが趣味で、中でもアユの友釣りを好み、アユに関する紀行・随筆の類も多く書き残している。

友釣りを始めたのは昭和8年（39歳）の夏である。その前年、妻の実家である八王子に引っ越したことで、近くを流れる相模川で初めての1尾を手にする。「以来友釣が好きになった」と、釣り随筆集『釣なかま』の「鮎釣入門記」に記している。瀧井の文体は、三島由紀夫や開高健らとは異なり、単純素朴・単刀直入を旨とする。であるから、「友釣が好きになった」というぶっきらぼうな表現だが、「虜《とりこ》になった」と解釈しても問題はないだろう。

友釣りとはどんな釣りなのか——。その釣りの経験のない人のために、ちょっと長くなるが、友釣りの腕前は文壇随一といわれた瀧井孝作の講釈に耳を傾けてみよう。「私の釣った魚」でわかりやすく解説している。

「(友釣は)なかなか奥行が深いようで、面白いのです。鮎釣が段段分かってくると、大きい、佳《よ》い鮎を、釣りたくなります。大きい佳い鮎は、友釣という釣方で釣ると、型の揃った大鮎が、篩《ふるい》にかけたように、選び出されて、釣れるのです」

実際の友釣りはどのような釣り方なのか、普通の釣りとはどう違うのか。

「友釣は、こちらの活《い》きた囮《おとり》の鮎を、長い釣糸の先につないで、川の中に、囮を泳がせて、それを操縦しながら、川の中の鮎を釣出すやり方。この囮を使うのは、他の魚釣にはない、鮎だけに限るようです」

魚釣りでオトリを使うのはアユだけである。通常、魚はエサやルアー（疑似餌）で釣るが、アユはなぜ生きたオトリで釣れるのか。この、友釣りの最も核心的な部分を文豪は次のように解説する。

「これは、鮎という川魚の習性を、うまく利用した釣方なので。――鮎は、川瀬の石の水垢という、ヌルヌルした石の水苔を、食べて、育つので、また鮎は、この水苔の食料のある場所を、自分の縄張のように、守っていて、他の鮎が、この、縄張に近づくと、逐い飛ばす、こんな習性があるのです。それで、囮の鮎をその好い水垢のある石のそばに、游がせてやると、その縄張を守っている鮎が、出てきて、囮の鮎に突掛かって来て、その囮の尻尾の方にある、釣針に引掛けられる」のである。

つまり、「鮎の闘争性を利用した」合理的な釣りといえよう。「佳い（良型の元気な）鮎」は「好い（アユが好むおいしい）水垢」の付着する石にナワバリを持つ。水垢とは、清流の石に付着する珪藻や藍藻のことで、成熟したアユの主食である。

この釣りでは、「囮の鮎は、元気な活躍するのがよいので、今とれた元気のよいのと、すぐ取替えては使うのです」。釣れたら、元気なうちにすぐにオトリを交換してハリなどをセットし、流れに放して泳がせるわけである。

友釣りの醍醐味は、やはり小型より大型にある。

「大きい鮎は、太って背中がもり上って、魚の体の幅があるせいか、よく釣針はその背中に突刺さっております。（中略）口元や腹のほうに、釣針の突刺さった鮎は、自由がきかないせいか、鮎の引張りは弱いのですが、背中に掛った場合は、鮎のひれや尾の力の、活躍も自由のせいか、引き方が力強いので、釣る方も、なかなか油断できず、緊張して面白いのです」

ベテランや名手は、水中で掛ったアユの引き具合で、それが背掛かりか、口掛かりか、腹掛かりかがほぼわかるものである。背掛かりの場合は動きが自由になるので引きが強烈である。口掛かりや腹掛かりの場合は掛かったアユがバレやすいので、速やかに、かつ慎重に取り込まねばならない。

アユの場合、大ものとはいっても、「川の魚ですから、七寸、八寸位の鮎ですが、育ちの好い年で九寸位の六七十匁（1匁＝3・75g）の鮎も夏の末にまれに出る事もありますが、まあ八寸、四十匁（以上）の鮎が大物です」

アユの場合、だいたい25㎝以上が大もの。そんな大アユが、激流で釣れると「こんなにも力があるかと思われる位に、ぐんぐん引っ張って、川の沖からなかなか、岸の方へ近寄りません」。こんな元気な大アユが釣れるのは、「川も激流で、足許もあぶない荒瀬ですから、釣には真剣味があって、友釣は激流の大鮎と格闘しているような、男性的な、豪快な感じもします」

「食味」も成熟した大アユが優る

もちろん、解禁初期の小気味いい引きを見せる若アユの数釣りも、それはそれで楽しい。では、釣味ではなく、食味としての盛期の成熟した大アユと初期の若アユとは、どのように違うか。この連載は今回で12回目だが、北大路魯山人をはじめこれまで取りあげた食通たちの多くは、解禁初期の小ぶりだが香り高い若アユの食味を好む傾向にあった。

ところが、釣り人・瀧井孝作は躊躇なく大アユに軍配をあげている。

「鮎は、食べるにしても、六月頃の水っぽい若鮎よりも、八月の真夏の成熟した、身の緊まった、油の乗った方がうまいのです。鮎の香気香りも、若鮎よりも成熟した鮎の方が佳いのです」

その理由は、瀧井がアユの釣り人でもあることと関係するように思われる。

「私は、友釣で釣った佳い鮎は、宅に戻ると、すぐ素焼《しらやき》にして、干鮎《ほしあゆ》にして、貯蔵する例です」

釣り人は釣った魚をその場で、新鮮なうちに食べようなどとは思わない。料理して食べる時間があったら、その分もっと釣りを楽しみたいからである。そして時間ギリギリまで釣りをして持ち帰るのが普通である。瀧井のころの場合は、干鮎にして保存して食べるのが例《なら》いだった。昔は一般家庭に冷蔵・冷凍設備が整っていることはなかった。今では、釣ったアユはクーラーで氷浸けにして持ち帰り、その日の夕膳で塩焼や洗いで食べ、残りは冷凍保存が一般的。が、瀧井がこれを書いた昭和20年代ではこうはいかない。アユは足の早い川魚である。持ち帰ったら、まず、保存用に腹を裂き、そして干鮎にして貯蔵した。

その方法は――。

「釣ってきた鮎をすぐに腹をさいて、はらわたを別にとっておきます。（中略）はらわたを抜いた鮎は、口の方から竹串を刺通して」おく。そして、「まるい大きい瀬戸物火鉢の真中に、強い炭火を熾《おこ》し」て、その炭火のまわりに、「竹串の鮎を並べて立て」る。竹串はこげないいように、火から離して「ぐるっと囲むように」立てる。数が多い場合は、「鮎串の輪」を二重にする。

これだけでは、充分ではない。

「その火鉢の上から、新聞紙を、まるい先の尖った三角帽子の形にして、火鉢にかぶせて、覆いをするのです。三角帽子の尖った所は、風の通るように、少し孔（通気口）をあけておきます」

また、新聞紙の合わせ目は洗濯ばさみで止めておく。新聞紙では心もとないと思えば、現在ならアルミ箔で囲ってもいいだろう。こうすると、「火気は内にこもり、直接風が当らないから、炭火の炎もたたず」、炭火が安定し、長持ちする。そればかりか、「火気が逃げずに、高い温度が保存されて、鮎は焦げるということなしに、火に向かない裏側の方まで、よく炙《あ》ぶられて、やんわりと」焼きあがる。こうして一晩、じっくり炙り焼くと、「成熟した七八寸の大鮎は、金色に黄金色に美しく、立派に干鮎になっております」

この、まだ熱の残る素焼（白焼）のアユを皿にとって身をむしり、「わさび醤油か、少し酢を加えた醤油をつけてたべる」と朝飯も、朝酒もうまい。もちろん、タデ酢で味わえばなお興趣をそそることだろう。瀧井は、次のように結ぶ。

「この一と晩掛りの白焼は、しっこりした肉を噛みしめる味も宜しいが、頭まで柔かくもりもりたべられる、うまい肴です」

文豪は、この白焼の身肉の歯ごたえを、「しっこり」と表現している。この言葉は、〝しっとり〟と〝こってり〟を足して2で割ったようにも思われるが、文豪はそういう俗な技巧をことさら嫌う。これは、瀧井が触感した白焼の味わいをそのまま言葉にしたものだろう。

ベンケイに挿して乾燥させ、冬の酒の肴にも

白焼のアユは、まだ身肉に水分が残っているために、完全な干鮎になっているとはいえず、長期の保存には向かない。そこで、残りはさらに乾燥させる。

「（白焼のアユ）の中の肉はまだ水分がとれませんが、これは台所の天井から吊り下げてある、ベンケイという藁寸胴に、鮎の串を挿して、風乾きがするように刺しておくのです」

冷蔵庫や冷凍庫がない時代、山間の川筋の家々には、貴重なたんぱく源であるイワナやアマゴ、アユなどの川魚を焼き枯らし、それをさらに干して長期間保存するための、〝ベンケイ〟とよばれる稲藁で作った生活民具があった。これに、串焼の魚の串を針山のように挿し、天井や軒先に吊るして風干しにするのである。そうすると、やがて魚の水分が抜けきって、正月の雑煮のダシや具にもなった。ここで注意することが1つある。

「ベンケイに挿す時に、竹串を拈《ひね》って（魚を）廻しておかないと、そのまま乾上ると、肉が堅く串にくっ付いて、あとで串が抜けなくなります」

焼いて肉がまだやわらかいうちに竹串をクルリと回しておけば、乾いた後に串からスムーズにはずれるというわけだ。

こうして「乾燥した干鮎は、竹串から抜いて、ブリキ缶に詰めて、蓋の所に目貼りをして貯えておきます」。

すると、「秋がすぎ、冬になり、翌年の春になっても、この干鮎は、煮浸《にびた》しにしますと、頭まで柔かくたべられます」。

現代の冷凍保存もいいが、干鮎にして煮浸しにし、冬の夜に熱燗で独り酒もまた一興である。

なお、先に、干鮎の手順として、釣りアユの腹をさいて、はらわたを別にとっておくとあるが、このはらわたは、もちろん捨てるわけではない。

「鮎のはらわたは、オムレツにしたり、味噌汁にもなりますが、大方は塩をして、ウルカにして貯えておきます」

8月のお盆前後の、清流の水垢を朝から晩まで食べて大きく成熟したアユのはらわたは、量的にも多く、通常は酒などの空瓶に入れてウルカにする。しかし新鮮なそれは、焼いても煮ても、その味は豚や牛のモツに比肩する。それだけではなく、オムレツの具にして味わうというしゃれた食べ方もあるわけだ。これなら、女性や子供も嫌がらないだろう。

そして、同じ「私の釣った魚」の文中の最後で、真夏の釣り現場での、即席の干物づくりを紹介している。

「(炎天下のために) 友釣の囮が弱って、オトリ箱の中で浮き上った時、浮き上ったのは夕方までそのままおけば不味《まず》くなりますから、それはすぐナイフで背開きにして、炎天の川原の石の上にひろげておきます。一時間程干して、もう結構な鮎の干物ができ上ります」

アユの友釣りは、釣れた元気のいいアユを、再び川に送り出してオトリとして泳がせる循環の釣りである。新しいアユが釣れて、オトリとしてお役御免になったアユは、引き舟やオトリ缶という活《い》かし缶に入れて、川の浅場に埋《い》けておく。しかし盛夏の炎天下では、活かし缶の中の水温が高くなってアユは白い腹を見せて浮き上がることもしばしばである。放っておくと死んでしまう。

そんなときのための、即席干物づくりなのである。背開きにして川水で洗い、夏の太陽光で熱くなった石の上に並べて、しょう油をサッとかけるか、塩を振っておくと、釣り終えて帰るころには、適度な干物が出来上がっており、これは持ち帰ってその日の夜の肴になる。

このアユの川原干しに関しては、こんな失敗談も。

「或時、そういう干物を石の上に干しておいて、川の中で友釣をしておりますと、岸の木の上に鴉《からす》が来て、鴉が鳴いたり飛立ったりしていましたが、気が付いた時は、石の上の鮎の干物は、いつか鴉にさらわれて、ありませんでした」

釣りに夢中になり過ぎて、干物のことなど頭から消えていたのであろう。

「鴉や鳶《とび》は目が早くて鋭敏ですから、川原で干物などをこしらえる時は、気を付けねばならんと思いました」

瀧井孝作は住まいから近い相模川や桂川をアユ釣りのホームグラウンドとした。そして、各地の川に遠征したが、もっとも好んだアユ釣り河川は、岐阜県の馬瀬《まぜ》川だった。

「馬瀬川は、川の水がきれいで鮎も良質です」（「天然鮎・放流鮎」より）

と瀧井は、例によってぶっきらぼうに、この中部の山深い村を流れる川のアユをほめたたえる。その馬瀬川のアユの宿で供された「鮎鮨」に感動。

「馬瀬川の鮎は毎日たべてもあきない、うまいのだ。

宿の内儀さんは、また鮎鮨をつくって出された。それは、暖い飯に酢の味をつけて、青紫蘇をきざみこんで香味をつけて、鮎は白焼の熱いのをムシッて交ぜ合せてあった。鮎の脂の味が香ばしいから暖かい飯がうまいのだ。これは即席に出来る鮎鮨だと見た」

（「馬瀬川のアユの味」より）

馬瀬川の鮎鮨は、青紫蘇を散らした暖かい酢飯に、白焼のアユの香味が映え、釣り終えて山間の宿でくつろぐ文豪の胃袋を心地よく満たしたようだ。

※引用文中、旧仮名遣い、旧漢字など現代文に改めた部分があります。

※主要参考文献
・『釣の楽しみ』（瀧井孝作／二見書房）
・『釣なかま』（瀧井孝作／角川新書）
・『日本の文学』36巻　瀧井孝作ほか（谷崎潤一郎ほか編／中央公論社）
・『作家の文体』（中村明／筑摩書房）
・『懐かしい釣り』（高崎武雄／つり人社）
・『釣の名著50冊』（世良康／つり人社）

◎瀧井孝作（1894〜1984）
岐阜県高山市生まれ。12歳で魚屋へ奉公にでる。15歳のとき俳人河東碧梧桐に師事し、正岡子規にも学ぶ。その後、芥川龍之介、志賀直哉らを知って小説の道へ。昭和10年、創設された芥川賞の選考委員の1人となる。代表作『夢幻抱擁』のほかに、『慾呆け』『結婚まで』『瀧井孝作全句集』など。昭和5年に八王子へ転居後、釣りをはじめる。井伏鱒二や佐藤垢石らともサオをまじえ、日本各地の川へ遠征釣りも。友釣りの腕前は文壇一との評価。

白洲正子

「私は鮎だけでいいの」と頭からバリバリ。
口に入れたとたん、
香魚と呼ばれるにふさわしい香りが満ちあふれ、
五臓六腑に沁み渡って行く

「料理について書かないことにしている」

「原則として私は、料理について書かないことにしている」

白洲正子は、『芸術新潮』に連載した「日本のたくみ」の中の「月心寺の精進料理―村瀬明道尼」の出だしでこう述べている。

その理由は、日本料理は「微妙で、繊細」、「魚や野菜が本来持っている味を、いわば内部からひきだすこと」に重点をおくため、「材料が新鮮なら、醤油か塩で喰べるに越したことはない」からである。つまり日本は「海の幸、山の幸に、恵まれ過ぎていた」がゆえに、塩か醤油の加減で味を調える程度で充分というわけだ。

「そういう点では、西洋料理や中国料理とは本質的に違っており、日本には料理がないといわれる所以でもある」というわけである。

誤解をおそれずにいえば、バターや油を多用し、ソース、香辛料などで素材にゴテゴテと手を入れる西洋や中華料理と違って、日本の味付けはシンプル。その根本は、素材に味を付け足すことではなく、「自然の味を生かすことに細心の注意がはらわれる」から。こうして、外国とは「まったく別な味わい方」が生まれ、発達してきたということだろう。

一方、味つけのシンプルさとは対照的に、包丁や器などの種類の多彩さは外国にあまり例を見ない。白洲正子は同じ連載の「ハシの文化—市原平兵衛」で、日本独自のはしについてこう述べている。

「世界広しといえども、箸を使う民族は、中国と朝鮮と日本だけ」であり、「日本の箸ほど美しく、使いやすいものはない」。そして、「中国系と日本の箸の違いは、はさむものと、つまむものの差で、日本の繊細な箸は、その両方をかねており、手に持っていることを意識させないのが長所である」

食べものをはさむのと、つまんで口に運ぶのと、その微妙な〝用〟の違いを兼ね備えているところにこそ日本のはしの本質があり、白洲正子はそこにも、日本料理の真髄の一端を垣間見ている。

基本、日本のはしは木や竹製で軽く、金属や象牙の重いはしが発達しなかった理由もそこだろう。西欧のナイフは切るという包丁の役割を担い、フォークでそれを突き刺して食べる。こうした野蛮さは、日本の食文化とは相容れないのである。

「柳箸、都箸、チリ箸、振出箸、くろもじの箸など、材質と形の異なるものが、日本全国にちらばっており、五、六百種類を数えることができ」、利休箸に限っても、「桃山時代から現代まで、利休箸の変遷を追うと二十六種類もある」という。

このように、山海の素材に恵まれて独自に発展した日本の食文化だが、近頃の日本の食の素材をめぐる環境はかつてとは激変している。

「いい材料が少なくなった反面、野菜などは夏冬を問わず手に入るので、シュンの有がたみは忘れられ、冷凍が発達したために魚や肉のほんとうの味も失せようとしている。しぜん料理屋では、演出が過剰になって、ものの味より食器や盛りつけに凝るようになって行く。すぎたるは及ばざるが如しで、仰々しい演出ほど料理を不潔に見せるものはない」

素材のよさ、調理の腕、シンプルな盛り付けなど、素材の味を生かして客を呼ぶのではなく、奇をてらい、アッと驚くような奇怪な演出を施し、そこに灯りに群がる蛾のように、客を吸い寄せる。それは白洲正子にとって、磨き抜かれた匠の技である料理の退廃と映り、そんな料理は我慢ならないのである。

「私が料理のことを書きたくないのはそのためで、すべてのものに共通する日本の味を大切にしたいと思っているから」である。

京都の清滝が一番おいしい！

料理のことは書かないとは、食について興味がないという意味ではない。というより、むしろ逆である。能をはじめ、骨董、焼物、古寺や仏像、民芸、また野に咲く花々などを、興の向くまま訪ね歩き、多くの紀行・随筆を著しているが、食べることに関してもそれらと同様の情熱と深い想いを寄せていた。ただ、先に説明したような理由で、料理に関しては、「書かない」、「書きたくない」ため、食に関する文章は極めて限られている。

そんな、数少ない食の随筆の1つに、昭和38年に書いた「京の味　ロンドンの味」がある。彼女の食べ物の嗜好《しこう》がみてとれる内容だ。

「この頃は年のせいか、食べることがたのしみになって来た。旅行に誘われても、何かおいしいものがない所だと、行く気にもなれない」で始まり、基本的には「しゅん以外のものは食べないことにしている」と続ける。

ソラマメやタケノコなど、旬のとりたてを味わおうとすれば、それは現地へ行くしかない。店頭に並んだものは、すでに鮮度が落ちている。そうした文章の流れで、突然、「アユ」が登場する。

「もうじき、鮎の季節が来る。鮎だけは、皆お国自慢で、自分の所のが一番おいしいと信じて疑わないらしいが、鮎のない東京人の、公平な意見をいえば、これも京都の清滝が一番おいしいように思う」

ここで「鮎のない東京人」とあるが、かつては東京でもアユは豊富だった。多摩川の青梅あたりや支流の秋川のアユ、また相模川のアユは、夕方に網でとってその夜のうちに、江戸へ運ばれていた。その夜を徹した道中の寂しさ、辛さをまぎらわすために歌われた「鮎かつぎ唄」は、現代に細々と伝えられている。白洲正子がこの随筆を書いた昭和38年当時には、すでに〝東京鮎〟は忘れられた存在だったようである。

ところで、白洲正子が「一番おいしい」と賞讃した「京都の清滝」のアユとは――。「私も鮎は随分方々で食べたが、そう大きくなくて、皮が薄く、味がこまやかなのは、さすがは古い都である。いつか愛宕の鳥居下の平野屋へ行った時、どんな所で捕るのか、聞いてみたら、同じ清滝川でも流れがあって、ある特定の岩の陰に一番いい鮎がひそんでおり、漁師はそれを知っていて、一種の権利みたいになっているという。いまでもそうか、私は知らないが、成程ありそうな話である」

白洲正子の代表的著書に『かくれ里』（昭和46年刊）、『わたしの古寺巡礼』（昭和57年刊）などの紀行集がある。彼女はこれら著作の中で、さまざまな日本美を求めて日本各地を飛び回っている。そんな行動的な彼女を称して、古美術鑑定・蒐集家の青山二郎は、「韋駄天お正」というあだ名をつけた。その韋駄天お正の足跡をたどると、そこには必ずといっていいほど、アユの名川が控えていることに気がつく。

たとえば、『かくれ里』の目次からその行き先をランダムに拾い上げてみると、「石の寺」には愛知川《えちがわ》、「桜の寺」は保津川、「吉野の川上」はいまはダムに沈んでしまった吉野川上流の川上地区、「葛川　明王院」は安曇川《あどがわ》上流であり、「長滝　白山神社」には長良川、「越前　平泉寺」には九頭竜川の激流が流れている。

旅の先々で行き当たるこれらの川のアユを、彼女は食べ歩き、食べ比べたであろう。そんななかで彼女の美食をもっとも満足させたのが、京都・清滝川のアユだった。それも、瀬の中の「特定の岩の陰に」ひそんでいる「一番いい鮎」なのだから、贅沢を通り越して、アユ食い道楽の極みといえる。

清滝川は川下りでも知られる保津川（桂川上流）の支流。この透きとおるような渓流の白波に洗われたアユを供すのは、愛宕神社の鳥居のそばで江戸の昔から４００年以上の歴史を刻む古民家茶屋「平野屋」である。

平野屋には、白洲正子だけではなく、文芸評論家の小林秀雄や先の青山二郎、洋画家の梅原龍三郎ら名だたる食通・美食家も足しげく通ったことで知られている。

「この鮎はおよいでいない」

平野屋のアユに関しては、よほどお気に入りだったのだろう、晩年の随筆集『夕顔』の中の「鮎だより」でも紹介している。初出は平成2年12月だから、白洲正子80歳のころで、すでに老境にあるが、その「韋駄天」ぶりは少しも衰えていない。また文章の切れ味も、この年齢にして流れるようななめらかさだ。まず、その文頭から。

「毎年梅雨の頃になると、京都の平野屋さんから『鮎だより』が送ってくる。小田原提灯というのだろうか、少し長めの折りたたみ式の提灯に、朱の鳥居が描いてあり、その下に『平野屋』と書き、鮎だより申し上げます、と記してある」

清滝川のアユ漁が解禁になる6月1日前後のころだろう、京都愛宕神社の朱塗りの鳥居のそばにある平野屋から、毎年恒例の「鮎だより」が届いた。これは単なるお便りではなく、贔屓《ひいき》の客だけに贈られるもので、折りたたみ式の小洒落た提灯が付録のように同封してある。この提灯を鴨居の隅に掛けて吊るすと、正子は「とたんにそわそわして落ち着かなくなり」、いそいそと京都への旅支度を調える。

「私は子どもの頃から、少なくとも年に一回、時には二、三回も通っている」といい、次のように書く。

「鮎の名所は諸々方々にあるが、鮎そのものがどんなにおいしくても、焼きかた一つでうまくもまずくもなる。平野屋さんはその焼きかたが芸術的に上手なのだ。

『この鮎は泳いでいない』

と、昔のおかみさんは父親に叱られたと聞くが、お皿の上で生きているように躍っている」

アユは、たとえ塩焼になっても、皿の上で泳いでいなければならぬ、跳ねて躍っていなければならぬ――。代々、厳しく受け継がれてきたこの芸術的な匠の技こそ、平野屋のアユの真骨頂なのだ。そしてもちろん、味に関しても厳しい。

「鮎は清滝川の上流のものだから問題はないにしても、時々『奥さんにあげる鮎は今日はありません』と断られる」場合もあったのである。

ここで、平野屋について、少し立ち入ってみよう。
「平野屋の創業は今から約400年前、江戸初期にあたります。もともとは愛宕神社の参拝客向けに茶屋を開いていたのですが、江戸後期に愛宕山の麓の清滝あたりで買い求めた鮎を、京都一円の料理屋さんに運ぶ鮎問屋も始めました。その後、茶屋で鮎料理を出すようになったのが、今日の平野屋の始まりです」（『芸術新潮』2013年2月号「大特集／小林秀雄」の中の、京都・平野屋女将「井上典子さん」へのインタビューより）

先に、小林秀雄も平野屋の贔屓客だったと書いたが、その関係で当時の女将に、生前の小林秀雄の食べっぷり、飲みっぷりを聞き出した記事であるが、平野屋に関して簡潔明瞭に記してあるので引用させていただいた。

さらにこの記事中で、平野屋ではアユを生きたまま調理するために、「店の裏手を流れる川の水を引いて生簀《いけす》を作って」おり、この生簀には「鮎の喜びそうな苔のついた大きな石を、鮎と一緒に入れて」いたという。

ここで「苔」というのは、いうまでもないが、山や庭の石などにはえる蘇苔類《せんたい》ではなく、清流に洗われる石の表面に発生する珪藻《けいそう》や藍藻《らんそう》のこと。川に遡上した天然のアユは、清流の石に付着するこれらの藻類を、口先でこそげとってエサとする。

平野屋では、このように清滝川の釣りアユをできるだけ自然の状態の流れで生かし、注文を受けると網ですくって厨房へ運び、塩焼や背越しなどで供する。当然、長時間保管して弱ったり、活きの悪いアユなどをまな板に載せるのはご法度である。はるばる東京から訪れた客に、ぜひ1尾だけでもなどとせがまれても、そのような不都合なアユを供すわけにはいかない。自然が相手なので、いつも状態のいいアユがそろっているとは限らないのである。

それに対して、白洲正子は次のようにいう。

「そういうのがほんとうの親切だと私はありがたく思っている」

と。それが本当の〝おもてなし〟ということだろう。

平野屋の至高のアユの塩焼の感想は、こうである。

「口に入れたとたん、香魚と呼ばれるにふさわしい香りが満ちあふれ、五臓六腑に沁み渡って行く。その時、鮎は、並の人間には及びもつかぬほどの喜びを与えることによって、めでたく成仏するのである」

もちろん、身肉もおいしいが、アユ独特のさわやかな香気を味わうことに真の喜びを感じているかのようである。古寺や仏像、仏典に深く浸透した彼女らしく、生きものに対する慈愛に満ちた言葉も印象的だ。

アユを求めて、車椅子で京都へ

この「鮎だより」は次のように結ばれる。

「年をとると、平野屋さんで鮎を食べるのも、これが最後ではなかろうか、と毎年のように思う。別に鮎にかぎるわけではない。花を見ても、月を眺めても、そのような想いは、年とともにいよいよ深く、こまやかなものになって行く。これを老人に与えられた神の恩寵と思って、感謝しているのだが、私はよほど楽天的にできているのだろうか。それとも欲張りなのであろうか。どちらにしても、人間にはこんな風にしか生きられないというものがあり、死ぬまではそんな風に生きて行くしかないと覚悟している」

老境に至ってなお、正子は清滝のアユを求めて旅をすることをやめなかった。それが彼女にとって、生きていることの証でもあるかのように。

時はさらに過ぎて、それから8年後に彼女はあの世へ旅立つが、その年の夏も平野屋を訪れている。それに同行した正子の孫にあたる白洲信哉は、白洲家とその周辺の思い出をめぐった美食紀行『旅する舌ごころ』(平成30年発行)のなかで、その最晩年の正子の印象をこう書きとめている。

「三歳だったひ孫が、鮎をおかわりしたのに、笑みを浮かべながら、祖母（著者注＝白洲正子）の口癖『私は鮎だけでいいの』と三匹頭からバリバリやっていた。八十八で亡くなった年の夏、健啖家と言えるだろう」

この期に及んでなお、アユの塩焼を3尾、しかも頭から尻尾までペロリとたいらげたというのである。そのとき、すでに老体の自由はままならず、「暑い最中」に「車椅子で鮎を食べに」いったのだと正子の孫は書いている。

死が近づいていることを知ってか知らずか、車椅子に乗って、東京から京都へ、暑さをものともせず、嬉々としてアユを食べに車椅子で突っ走る――これぞ、「韋駄天お正」の心意気！

※主要参考資料

・『白洲正子全集』第1巻、3巻、5巻、9巻、14巻（新潮社）
・『雨滴抄』（白洲正子／世界文化社）
・『夕顔』（白洲正子／新潮文庫）
・『旅する舌ごころ』（白洲信哉／誠文堂新光社）
・『白洲　スタイル』（白洲信哉／飛鳥新社）
・「芸術新潮」２０１３年2月号（新潮社）

◎白洲正子（1910〜1998）

明治43年、東京生まれ。随筆家。実家は樺山伯爵家。3歳で学習院女子部幼稚園に入園し、14歳で学習院女子部初等科を終了。その間、4歳にして梅若万三郎・六郎兄弟の能舞台を見て能に目覚め、能の稽古に通った。19歳のとき、後に戦中戦後の日本の外交に重要な役割を担うことになる白洲次郎と結婚。昭和17年に、夫婦は鶴川村（現町田市）に、広い農地付きの藁ぶきの農家を購入し、翌年転居。戦後、小林秀雄、青山二郎、志賀直哉、柳宗悦らの知己を得て、文芸、評論、骨董、古典文学などに習熟。『能面』『能の見方』『世阿弥——花と幽玄の世界』『かくれ里』『西行』『いまなぜ青山二郎なのか』『白洲正子自伝』など著書多数。

小島政二郎

辻留の塩焼は小股が切れ上がった
女のようなすがすがしさ、
皮と肉が口中で混然として、
プーンと香気を放つ――。
食い気も色気もすべて包み込んだ
食味描写は職人芸

連載「食いしん坊」が評判になる

日本が敗戦の焦土から力強く立ち上がり始めた昭和26年（１９５１）８月、『あまカラ』という食をテーマにした情報誌が創刊された。発行は大阪の甘辛社で、鶴屋八幡という老舗和菓子屋がスポンサー。この月刊誌は、昭和43年5月で２００号を数えて終刊となるが、「戦後の食べ歩きを含む食のブームのきっかけをつくった」（月刊誌『ノーサイド』59号＝１９９６年5月号／特集「美食家列伝・小島政二郎」より）といわれる。

作家小島政二郎は、この情報誌の立ち上げからアドバイザー的な立場でかかわり、随筆「食いしん坊」をほぼ毎月寄稿。これが軽妙洒脱、情味にあふれ、ユーモアてんこ盛りで、食にも活字にも、笑いにも飢えていた戦後の日本人の心をとらえて評判を呼んだ。

書きためられた文は、随時単行本化され、最終的に『食いしん坊』シリーズは全9冊を数えるに至った。

食いしん坊・小島政二郎は酒を好まず、大の甘党であったから、当初はお菓子の話が中心。それは、単なる「うまい」「まずい」の類の話ではない。小島は明治～大正～昭和の文壇に精通し、文人文士たちと幅広い交遊があったので、彼らの食に関するエピソードも豊富に取りそろえ、それを随所にちりばめて読者の興味を大いにそそった。

著作『食いしんぼう　1』には、たとえばこんな場面がある。戯曲家志望の帝大出の青年が夏目漱石に「どこの菓子がうまいのかと聞いたところ、文豪は「越後屋だろうね」と答えたという。小島はさっそく、『あまカラ』誌上で、天下の漱石が旨いといった店として、東京本所の一つ目に暖簾をだす越後屋の和菓子を紹介する。するとたちまち、漱石が太鼓判を捺した味は全国的に名を上げる。そして越後屋が評判を呼べば、小島の食通としての格も上がる、というわけである。

こんな話もある。

「若い頃、蒲郡《がまごおり》の常盤館へ大勢で行った時――菊池寛、久米正雄、佐佐木茂索、横光利一、高田保、片岡鉄平、その他同勢十四人――お八《やつ》に菓子を出してくれたが、どれもうまかった」ので、小島が「これ、お宅でこしらえるのですか」と聞くと、店の者が「滅相《めっそう》な。これは名古屋の亀末廣《かめすえひろ》のお菓子でございます」との答え。

さっそく小島は「亀末廣」を訪れ、誌面で詳しく紹介する。自分だけではなく、菊池寛や久米正雄、横光利一といった有名実力派文士も賞賛したというところが、隠し味になっているのはいうまでもない。これで、名古屋の老舗は全国区の名声を得る。

お菓子の理想の甘味とは、どういうものか

そんな甘党の小島が食通としてもてはやされることを快く思わなかった者もいた。代表格は、美食家としても名をはせた鎌倉文士の立原正秋である。彼は「うまいものを求めて・味の刺身」というエッセイのなかで、文壇の大先輩に対して次のような辛辣な言葉を投げつけている。

「小島政二郎氏が、相模湾で食べられるのは鰯だけで、あとはまずくなったというようなことを書いてあるのを読んだことがあるが、酒も飲まずに肴を語るのは、これはもうはっきりインチキで、あの老人が食い物について書いたのを読んだことがあるが、どうもこれは味覚の発達していない人だな、という気がしてならない」

これは、批評というより罵倒に近い。

小島政二郎の舌は、立原がいうように本当に「インチキ」だったのか。

先の『食いしん坊　1』に小島のこんな文章がある。

「今夜も村松梢風と慨嘆したのだが、日本というところは、菓子でも料理でも、落語、講釈、浪花節、その他のああした芸にしても、みんな先祖のいいものをドシドシ捨てて顧みない」とし、近ごろの菓子は「甘いばかり。てんで砂糖のアクを抜いていないし、小豆の

香を残すことに苦心しているお菓子屋など、一軒もありはしない」、「昔は、こんな菓子をこしらえていたら買う人はいなかった」と現今の和菓子職人たちの堕落ぶりにもの申している。

小島がここで書いている「砂糖のアクを抜く」とは、どういうことなのか。それに対しての明確な説明はないが、そのヒントになる文はある。それは、名古屋の老舗料亭「得月楼《とくげつろう》」の主人寺田栄一氏が、自らすき焼き鍋でみりんの「アク抜き」を見せてくれた場面である。

主人は火にかけた鉄鍋にいきなりみりんを注いで強火で泡立つまで沸騰させ、そして火からおろして「鉄鍋の縁を布巾《ふきん》で持って、沸騰している味醂をゆるく廻しては小泡を消し、また火に掛けては沸騰させ（中略）、この同じ動作《どうさ》を飽きずに幾回も幾回も繰り返し」た。こうして、みりんの量が5分の1ほどになったところで、やっと具のネギや牛肉を投入した。この場面を見て、小島は次のような感想を述べる。

「説明を聞くまでもなく、彼は味醂のアクを抜くために、この面倒を厭《いと》わず、そんなに気長く同じ動作を繰り返していたのだ」

みりんは日本料理の調味に欠かせないが、昔の料理人はミリンのアク抜き作業を徹底して、素材の味を生かすことを心がけていた。

この後に、次のように続ける。

「砂糖のアクを抜くのも同じことで、我々がこれで十分と思うその十倍もアクを抜かなければうまい菓子は出来ないのだ」

つまり、砂糖のアクを抜くとは、煮沸を繰り返して、「甘さを一定の甘さにとどめて」おき、「小豆をつかった場合は小豆の味なり香などを殺さずに生かして残しておく」「甘さの標準」ということである。

こうした「砂糖のアク抜き」という手間が、現代の菓子職人から失われ、それが甘味の質的低下を招いている根本なのだと嘆いている。砂糖のアクがきれいに抜かれた、洗練された、理想の甘味とは、どういうものか。

甘党の大御所はいう。

「お菓子はただ甘くってはイケないのだ。甘い砂糖を使って、その砂糖の甘さを消して、木で熟した果物の甘さに近い甘さを出すのが、日本の菓子の特長だったのだ。

（中略）

平安朝には菓子がなく菓子といえばくだもののことだった。もとはそんなところから出発して、砂糖の甘さをそこまで洗練することを（日本人は）悟ったのだろう」

『漢語林』を引くまでもなく、菓子の「菓」は「くだもの、果実」のこと。小島政二郎は、その土台を踏まえて、日本伝統のお菓子の甘さとはこういうものだという揺るぎない基軸を示して見せた。そういう意味で、彼は単なる甘いもの好きの食いしん坊ではなかった。

こんなにうまいアユの塩焼を食べたのは初めて

「肉、うなぎ、天婦羅、この三つが私の好物だから、この三つのものとは一生別れたくない」

小島は「てんぷら評判記」(『天下一品　食いしん坊の記録』所収)でこのように公言してはばからない。刺身の味などはわからないというよりも、まずナマモノは敬遠する。あっさりした料理は酒の肴にはなるが、ごはん党の彼にとっては〝おかず〟にならないのだ。これでは、左党の立原正秋が苦言を呈する理由もわからないではない。

また、鎌倉に住む北大路魯山人に、鎌倉の市場を案内されたときはこうだ。

「サカナヤの前へ行くと、先生(注=魯山人)は、

『あのカレイは新しいから、きっとうまいよ』

そう言って指さして教えてくれたが、私はサカナには何の興味もないので、聞き流した」(「第3　食いしん坊」/『小島政二郎全集　第四巻』所収)

魚などには見向きもしなかったのだ。当然、アユにもとりたてて興味を示すようなことはなかった。

ところが、京都の懐石「辻留」に招かれたことから、突然魚の味に目覚める。

それは辻留が、東京へ出店しようかという1950年代初め、小島が60歳の還暦を迎えるころだ。

小島は、当時京都住まいだった谷崎潤一郎からその名を聞き知って辻留を訪問する機会をうかがっていたが、「いいあんばいに」、「祇園祭に大丸から招かれた」。そこで、祇園祭の「宵宮《よみや》の十六日の昼間」に、念願の辻留でご馳走にありついた。

先付に始まる懐石の流れで料理がでてくる。

次の椀盛は煮物椀である。

「煮物というから煮てあるのかと思ってお椀の蓋を取ったら、そうではなくて、すまし汁だった。中身は、ハモの葛《くず》たたき――」

この料理は、辻留2代目・辻嘉一の腕の見せ場である。

「お椀の蓋を取って一ト目みるが否や、思わず『あッ』と言わずにはいられないくらい、ハモの肉に庖丁が二十五筋はいっているのだそうで、さながら白い牡丹《ぼたん》の花が咲いているような美しさだった」

骨切り包丁が25筋、まさに名人芸だ。

「見た目にそれほど美しく、口へ含んだ時の豊かなコクのある味、私はこれまでにこんな含みのあるハモの肉を口にしたことがない。見た目の豪華さと言い、見た目に劣らぬフックラとした豊かな味と言い、見事というほかはない」

ハモで驚かされた小島の目と舌は、次の焼物のアユ塩焼で追い打ちをかけられる。

「嵐山で取れた鮎《あゆ》だそうだが、相当大きなのを、無造作に焼いただけのものだが、なんとも見た目の姿が美しかった。

大皿にいッぺんに盛って出すのだが、一つ一つがフックラと肉付豊かに美しいばかりでなく、人数よりちょいと多い目に盛ってあるその盛り方がまた見事に美しかった。どういう形に盛ってあるとも言いようがないいくらいごく当り前に盛ってあるのだが、全体に清潔だった。いかにも新鮮な線を描いて、幾重ねにも盛ってあるのだ」

無造作な盛り付けに見えるが、しかしそこには確固たる盛り付けの妙があり、美しい景色として心に響いたようだ。さらに続ける
「一匹一匹の姿がいささかもくずれていない。ハラワタが出してないから、どこも痩《や》せたところがなく、スンナリと生きている時のように溌溂《はつらつ》と」しており、「全身が引き締まっていて、叩いたらカンカンと音がしそうなくらいコンガリと火が通っている感じだ」。

キレイに焼いてあるばかりか、その職人技は、次のように非の打ちどころがない。

「頭から尻尾のさきまで、一カ所として焼け過ぎてもいず、焼け足りないところもなく、全身過不足《かふそく》なく完全に火が通っている見事さはなんと言いようもない」

さらに、魚を焼くと表面ににじみ出てくる脂だが、「あんな脂は一滴も跡をとどめていないのだ。小股が切れ上がった女のようなすがすがしさだった」。

脂っぽくなく、カラッと、清々しく、しかも万べんなく焼き上げられている。

辻留のアユの塩焼の見事さをこのように描写して、いよいよ小島は、はしを手にする。

「コンガリ焼けているくせに、箸を付けると、（皮は）なんとも言えない従順さで肉と一緒にくずれる。東京の鮎だと、皮は（中略）水けを失ってカサカサになっているのに、中の身だけが柔かい。だから、皮と肉とが離れ離れになり勝ちだ」

東京で食べるアユの塩焼は、皮は焼け過ぎてカサカサで、身はベチャッと水っぽい。だから皮と身との一体感がないというのである。そして、いよいよ、その味わいである。

「箸を付けると、皮と身と離れない。肉は肉で、持っている脂肪を一滴も失わずに保存したまま焼けているから、二つのものが渾然《こんぜん》としていてうまい。従って口に入れると、プーンと香気を放つ」

最後にひと言、こう付け加えて絶賛。

「この手の――コンガリ焼けた鮎としては、こんなにうまい鮎を食べたのは初めてだ」

賞讃のペンは、タデ酢にまで及ぶ。

「蓼酢が豊富で、新鮮で、大振りで、ケチケチしていなくって、いかにも鮎の塩焼を更に新鮮に生かしていた。こういうものは、そこらの蓼酢のように申訳に付いているようなのは貧弱でイケない」

ちまちまとか、小ぎれいなどというのは、小島政二郎の性に合わない。豪快なのがお好みなのだ。

アユ寿司10尾分以上、ペロリと平らげる

小島には『食いしん坊』シリーズのほかに、食味随筆本が何冊かあるが、日本経済新聞の夕刊に連載され、同社から昭和46年4月に発行された『吟味手帳』をめくると、「鮎三題」というのが載っている。

そこには、アユはそんなに好きではないが、それでもうまいと思ったことが、生涯で3回あるとし、京都発祥の「八新の鮎」、先の「辻留の鮎」、そして京都の映画監督マキノ光雄の家でご馳走になった「鮎寿司」をあげている。

マキノ光雄監督とは戦後すぐのころ、自著の映画化の話で縁ができ、作家仲間の久米正雄と2人で、8月16日の大文字焼きの日に遊びに行った。京都盆地の夏の暑さにまいって、下戸の小島もさすがにこの日は冷酒をチビリ。いい気分になった。

「そこへ、鮎寿司が出た」

これは奥さんの手づくりである。

「一ト皿に一匹。いい色艶をしている。姿のよさに、私は思わず見蕩《と》れた。

早速手づかみでアングリ一ト口頬張ると、見事に冷えていて、東京流の寿司米と鮎とが

シックリ抱き合っていて、得もいえないうまさだ。

冷えているのに、いい香りがする。私は食べるのが早い。ペロリと一匹食べてしまうと、すぐまた一ト皿出る――」

寿司は、アユ1尾丸ごとの姿寿司だ。よく冷えたのを食べてもらおうと、マキノの奥さんは小島が1尾平らげてから次をだすのだが、このせっかくの心づかいが小島にとってはもどかしくてならない。

「私は食べるのが早いから、一匹ずつでなくって、二三匹一緒で結構です」

こうして結局、「あれで十以上も食べただろうか」と平然。

すると、久米正雄がすかさず、「おい、小島。俺の分にまで手を出すなよ」と当意即妙に返して笑いを誘う。

この文は、次のように終わる。

「食いけに気をとられて、つい大文字のことを書くのを忘れた。やむなく、次の一句でごまかす――

《大文字も妙法も船も空の花》

小島政二郎の食談は、五感ばかりか、五臓六腑の内臓感覚も動員し、これにユーモアと文学的雑学を混ぜ合わせ、軽々とまとめ上げる。これぞ、職人芸！

※主な参考資料

・『食いしん坊　1』（小島政二郎／文化出版局）
・『第2食いしん坊』（小島政二郎／文藝春秋新社）
・『小島政二郎全集　第三巻〜第五巻』（小島政二郎／鶴書房）
・『吟味手帳』（小島政二郎／日本経済新聞社）
・『天下一品　食いしん坊の記録』（小島政二郎／河出文庫）
・『眼中の人』（小島政二郎／岩波文庫）
・『北落師門』（小島政二郎／中央公論社）
・『敵中の人　評伝・小島政二郎』（山田幸伯／白水社）
・『「あまカラ」抄1〜3』（高田宏編／冨山房百科文庫）
・『辻留・料理嘉言帳』（辻嘉一／婦人画報社）
・『懐石傳書　焼物』（辻嘉一／婦人画報社）
・『生活の本4　美味求真』（臼井吉見・河盛好藏編／文藝春秋）
・月刊誌『ノーサイド』1996年5月号（文藝春秋）

◎小島政二郎（1894〜1994）

東京上野池之端の呉服屋の次男坊として生まれる。永井荷風を敬愛し、荷風が当時教鞭をとっていた慶應義塾文科へ入学。卒業後、母校で講師を務めるかたわら、芥川龍之介、菊池寛、また久保田万太郎、久米正雄、佐佐木茂索、鈴木三重吉らと交流し、小説家の道へ。著書は『緑の騎士』『海燕』など純文学風から、『眼中の人』『小説永井荷風』『円朝』『葛飾北斎』『芭蕉』など評伝もの、さらに『新妻鏡』『人妻椿』など通俗小説と多彩な分野にわたり、100歳の天寿をまっとう。『長編小説 芥川龍之介』は84歳の作で、筆力衰えたりといえ、天才夭折作家の内面へ鋭く肉薄している。幅広い数多くの著作を残した中で、代表作は食味随筆『食いしん坊』とする声もある。

丸谷才一

田舎料理風のアユ田楽だが、
櫻味噌の甘い味と、
魚肉の清冽淡泊とが口中で衝突し、
そこにワタの苦さがぶつかる。
味わいはいよいよ錯綜して
上品優雅となる!

文章でいちばん難しいのは、味とセックスの表現

作家丸谷才一の『食通知つたかぶり』が出版されたのは昭和50年（1975）11月。月刊誌『文藝春秋』の昭和47年10月号から、50年5月号まで、ほぼ隔月で連載された16編をまとめたもの。『笹まくら』（芥川賞）、『たった一人の反乱』（谷崎潤一郎賞）などで人気の純文学作家が、ペンの代わりにはしを持って日本全国を東奔西走した食紀行として話題を呼び、連載終了から6カ月後に単行本化。そのほぼ5年後の昭和54年12月に文庫化。さらに平成22年2月に中央公論社から再文庫化され、美食本の名著としていまに読み継がれている。

その中公文庫版の巻末に、「四十年前の食べ歩き――中公文庫版解説にかえて」と題し、取材時に担当編集者であった竹内修司と丸谷の対談が掲載されている。それには、連載に至った経緯や取材の裏話が語られている。

「**竹内**　（前略）そもそもこの『文藝春秋』連載企画は、雑談していたときに丸谷さんが『文章でいちばん難しいのは、味とセックスの表現だ』と仰ったことから始まったのでした。まあ、両方とも味かもしれませんが。

丸谷　そんなこと、言いました？

竹内　ええ。セックスというわけにもいかないから、じゃあ食べもので、と提案したら当時の編集長の田中健五さんからたちどころにＯＫが出た。

あの頃の丸谷さんはすごくキザだったなあ、白っぽいジャケットに蝶ネクタイ、新宿二丁目の『カヌー』という文壇バーのスタンドで、ちょっと壁によりかかるようにして、洋書を読んでいらした。

丸谷　あの頃は日本語の本は読まないことにしてたからね。

竹内　で、じゃあ文章の練習に、やってみるか、ということになりました」

ここにでてくる「文壇バー『カヌー』は、元日劇ミュージックホールのダンサーだった関根庸子（後に森泉笙子と改名）が昭和34年に開き、埴谷雄高、井伏鱒二、井上光晴、吉行淳之介、三島由紀夫、野坂昭如ら名だたる作家たちが顔を見せていたことで知られる。ということは、気の置けない酒場で、作家と編集者が一杯やりながら雑談しているうちに持ち上がった企画だったということだろう。

当時の丸谷は、「日本語の本は読まない」ことにしていたというほどイギリス文学に傾倒していたから、このさい、英文の世界からちょっと離れて、難しいといわれる食べものの表現を通して、日本語を学びなおし、磨きたいという思惑があったようである。なので、「読物として、読者を退屈させず、それから食い気をそそればいいだろう」程度のごく軽い気持ちで臨んだ。

それでも、「毎月食べるとなると、食べて書く方も、読む方も気ぜわしい」ので、雑誌としては異例の「隔月の連載」となったのである。

食味表現は小説や評論に比べれば問題じゃない

2カ月に1度の連載であっても、体力的にも胃袋的にも、また肝臓的にも思ったより負担だったようだ。当時を振り返って、同じ対談でこう語っている。

「**丸谷**　日本の代表的ないい街を、ずいぶん散歩しました。昼に食べるでしょう、そして宿へ帰ってすこし昼寝する。それから二時間ぐらいは歩きましたね。そうでもしないと、夜の分が（胃に）入らないもの。二泊の旅行で昼・夜四軒に行って内の一軒は落とす（注＝記事にしない）。三泊のときは六軒行って、一軒は書かない。そんなペースでした」

昼食で満腹になり、2時間ほど歩いて強制的に腹をすかせて夜の部に突入。もちろん、人気作家であるから取り巻きが多く、食べるだけで終わることはない。ご馳走には酒がつきもので二次会、三次会の付き合いも多かった。そうして、原稿用紙に向かえば、珍味佳《ちんみか》肴《こう》を舌上で転がすように、ペンは縦横無尽に走り回り、絶妙な食味表現が繰り出される。

たとえば、金沢で加賀料理の老舗・大友楼のズワイガニ料理が九谷焼の大皿で供された場面。「蟹の脚の紅《くれない》はさながら琳派の屏風のやうな皿のなかでいささかもたぢろぐことなくいよいよ映え、北の海の豊饒と金沢の富とはがつぷりと四つに組んでゐた」。

また、岡山の寿司屋魚正の炙りたてアナゴの握りでは、「ちよいとつまんで口に入れると、穴子の熱さと、飯のひいやりした感触、穴子の脂つこくてねつとりした味と、飯の清楚淡泊とが一度に入りまじつて、複雑な味覚の一世界がたちまち口中に出現する」。

さらにまた、土佐高知の「得月楼」本店では、「覆つてある紙がぱつと除かれたとき、まるで浅黄幕が切つて落とされたやうに、豪華絢爛、思はず息を呑んだ……」。この皿鉢料理の情景描写を読んで、対談相手の竹内は、「一瞬、歌舞伎座の際立つて明るい舞台が眼前に広がるような」光景が浮かんだと述べている。皿鉢料理と歌舞伎舞台の大胆な融合。

聞き手は、その名人芸に感嘆して問う。

「**竹内**　――お書きになっていてスラスラ出てくるんですか？

丸谷　そうねえ、かなり苦心したけれど、本式の小説や評論を書くのに比べれば問題じゃないよ」

日本語の練習のつもりで気楽に引き受けた食の連載だが、そこはやはり純文学作家としてのプライドが頭をもたげてきて、平凡な表現では沽券《こけん》にかかわる。気がつけば本気でペンを走らせている自分がそこにいて、ちょっと戸惑っている気配さえ感じさせて微笑ましい。

江戸俳句を持ちだし、塩焼の典雅高秀な味を体現

アユは、昭和48年8月号「岐阜では鮎はオカズである」で登場する。

岐阜でアユといえば、長良川である。当時はまだ河口堰はなく、伊勢湾から群れ上る天然遡上ものが川底の大小の石を磨き上げ、豊かな水量をたたえた流れは夏の日差しを浴びてキラキラ清らに輝いていただろう。

地元の知人深尾学さんに紹介されてアユを食べに出かけたのは、岐阜市内の「なかたに」という小料理屋。深尾さんたち地元の人は、「われわれが鮎を高貴にしてかつ貴重な珍味として恭《うやうや》しくあがめてゐるのに反し、（中略）ごく当り前のオカズとして把握」しており、これは彼の「口がおごつてゐるせいではなく、岐阜人一般の鮎に対する関係のごく自然な表現」であるようだと感じ、それは「子どものころから鮎をふんだんに食べて」いるからだろうと丸谷は推測する。

岐阜市近辺には長良川だけではなく、和良川、板取川、馬瀬川、宮川などアユの名川が集中しており、地元民にとってはごく普通の「オカズ」として扱われているというわけである。

しかし、東北山形に生まれ、東京に居住する丸谷にとって、アユは普通のオカズではな

く、かしこまって食べるあこがれの食べ物という意識がある。
最初に「鮎の赤煮」がでた。醤油煮のことである。「天然の、しかも郡上《ぐじょう》の鮎を煮つけにするなんて勿体《もったい》ない」と丸谷が感じるのはもっともだ。これを「食べてみると途方もなくうまい」とほめ讃え、その味わいを次のように箇条書きに。

「第一に柔かいし、第二にたつたいま煮たばかりなので温いし、第三にその柔かさと温さのなかに、ほのかな苦さやかすかな渋さが漂ふ」

刻みショウガと、ミリン、たまり醤油、醤油で煮たもので、「これは酒の肴として絶好」と喜び、酔心をチビリ、チビリと飲《や》る。

その横で、深沢さんは「これ（鮎の赤煮）の冷えたのを何匹もムシャムシャ食べて、ご飯を食べるのが一番うまいですな、鮎では」とつぶやく。これを聞いて、アユは地元の人にとっては単なるオカズにすぎない日常食だと、丸谷は改めて深く納得するのであった。

アユの膳はまだ始まったばかりである。

「次が鮎の塩焼。もちろん蓼酢《たです》で食べる」。その感想は、

「豊かでおつとりした、こせつかない味で、典雅高秀。こちらの体のなかが清らかになるやうな気がする。事実、食べたあとの後口が爽やかで、それはちようど、

魚食うて口なまぐさし晝の雪　成美

の正反対のやうだつた。朝の雪よりももつとすがすがしい鮎の塩焼なのである」

東大英文学科に学んだ丸谷は日本文学にも造詣が深く、江戸時代の俳人夏目成美の句を持ちだしてその意味するところを逆転させ、生臭い普通の魚とは異なるアユに特有の淡味爽味を際立たせている。こんな複雑な用法を繰り出すとは、もはや日本語の練習どころか、完全に真剣勝負に突入している。

次はアユの田楽。

「中くらゐのやつが二つ。横に細長い皿に、頭と尾だけはたしかに鮎で、しかし腹のあたりは一面に褐色の泥を塗りたくられた怪魚が並んでゐる」

清流の女王と称されるアユが、味噌を塗りたくられて〝怪魚〟のような様相を呈している姿をまず嘆く。しかし、その味は「京の櫻味噌の甘い味と（八丁味噌は渋くなるので避ける由）、魚肉の清冽淡泊とがまづ口中で衝突して複雑怪奇な感銘を与へ、次にその二つに、ワタのところの苦さがぶつかつて、味はいがいよいよ錯綜したものになる」と感心し、「まことに上品で優雅な味なのである」と、とかく田舎料理と揶揄されがちな田楽だが、京風のやや甘い味噌を使うことでエレガンスに仕上がっているとほめる。

そして何よりも、アユの田楽はご飯にも酒にも合い、「また、味噌だけなめても酒の味を引立てる」と、呑兵衛としての本音もチラリ。アユの芳香を帯びた甘めの味噌――、これだけで何杯もいけそうである。

その後、フライや野菜サラダなどがでて、満腹。

豊饒にして脆美、淡泊にして豪奢

この連載では同じ食材が二度も、三度も登場することは稀《まれ》である。が、丸谷は次回の「八十翁の京料理」(昭和48年11月号)でも、アユを味わっている。南一という、「八十になる老主人がみづから包丁をとる子体《こてい》な店」である。

ここでは、4つの看板料理を味わった。瀬戸内海の「鯛の刺身」、「間鴨《あひがも》の蒸しもの」、若狭湾の「ぐじの酒蒸し」。ぐじはアマダイのこと。そして、「鮎の焼物」である。

「丹波の和知の鮎で、われわれが南一へ行つたのは九月の中旬だから、鮎ももうおしまひですなどといふころであつた。(中略)

和知の鮎は、大ぶりで肥つてゐて、よく脂が乗つてゐた。言ふまでもなく天然物で、炙るのは炭火。こんなに肥つてゐて味は大丈夫かしらといささか心配だつたけれど、豊饒にして脆美、まことによろしい」

この「大ぶりで肥つている」9月半ばのアユとは、抱卵寸前のメスアユだろう。オスはこの時季、すでに体色にサビ色が見えはじめて哀れを誘うが、メスは熟成して逆に豊満で艶やかさを増す。この味を、単に「脆美」ではなく、「豊饒にして脆美」としているところに注目だ。さらに続けて、こう書く。

「極めて淡泊でありながら、しかも同時にこの上なく豪奢な感じの、いはば奇蹟的な一品になってゐた」と。

先の長良川の鮎塩焼が「朝の雪よりももっとすがすがしい」と形容されたのと比べると、その印象の違いは明瞭である。7月初旬のまだ若鮎の溌溂として清らかな味に対して、秋の初めのメスの熟成した「この上なく豪奢な感じ」とは、まさにいい得て妙。ひと夏というわずかな期間に若アユから落ちアユへと移りゆくアユの風貌と味わいの変化を、純文学者の目と舌は間違いなく見分け、きき分け、その繊細な違いをペンで簡潔に表現している。

能ある鷹は爪を隠す

その翌年の昭和49年9月号「神君以来の天ぷら」で、丸谷は三たびアユを取りあげている。日本各地、世界の料理が食べられる東京の店をいくつかを紹介したあと、「天ぷらといふのは、何しろ徳川家康が鯛の天ぷらを食べ過ぎて頓死したくらゐで、典型的な東京料理である」として、数ある天ぷら屋の中から「はやし」という日本橋室町の店を訪ねる。

天ぷらは、まずアスパラガスに始まる。これを塩で食べ、エビ（天つゆとおろし）、シイタケ（塩）、イカ（不明）、次がアユの番だ。
「もちろん天つゆで。伊豆の狩野川の鮎ださうだが、わたしはこれこそ本当の鮎の天ぷらだといふ気がした。淡泊なくせに豊満、豪奢なくせに清楚。非の打ちどころない味である」

伊豆の狩野川は、川端康成の『伊豆の踊子』の主要舞台であり、ほかにも芥川龍之介や梶井基次郎、井上靖らに縁のある地である。釣り人にとっては、アユの友釣り発祥の川として知られ、天然遡上アユに恵まれ、また友釣りの名手を多く輩出し、東日本のアユ釣りの聖地とも呼ばれる。

この連載が9月号に掲載されたということは、取材は8月半ばだったと推察できる。ということは、1年魚のアユにとって、人間でいえば働き盛りの壮年期。釣り味はもちろん、食べ味も最高潮の時期である。塩焼はもちろん、洗いや寿司にしても脂が乗ってうまい。これを、熟練の腕を持つ「当年七十七歳の鴈治郎を思はせる主人」が腕によりをかけて揚げてくれたのである。

「かういふ温かくておいしいものを口にして噛んでいると、今の東京でも、至福という言葉を思ひ出すことができる」

アユの至福の天ぷらの後、オクラなどがでて、後半のハイライトはアナゴ。これは、「こちら（丸谷）が天つゆに大根おろしを入れて待つてゐるところへ、主人が、

『よござんすか。よござんすか』

と声をかけてから、揚げ立ての熱いやつをジュッとつけてくれる」

読んでいるだけで生唾ものだ。


小一時間が過ぎ、すっかり満足して、さて締めの天ぷらダネを何にするか、主人にうながされた丸谷は「穴子」を注文した。その場面を引用しよう。

「これで一通り終つたのだが、

『お好みは何か？』

と訊ねられて、穴子（鮎はもう品切れ）」

ここで謎なのは、「穴子」のあとに、（鮎はもう品切れ）というひと言が、蛇足のように付け加えられていることである。

この意味するところは何か。首をかしげるまでもなく、それは蛇足などではなく、丸谷が締めの一品に所望したタネはアユであった。だが、しかしすでに品切れになっていたので、それならばとアナゴにしたことを、暗に読者に伝えたかったということだろう。

「アユが品切れだったので、アナゴにした」ではいかにも芸がない。

こんな、思わぬところにさえ、丸谷才一の才気がちりばめられているわけで、読者としても油断がならない。凡百の書き手には真似のできない技芸といえよう。

※注　丸谷才一の作品は原則として歴史的仮名遣いで書かれ、引用部分は原文を尊重しています。たとえば、「知つたかぶり（知ったかぶり）」「をかしい（おかしい）」「キヤツキヤツ（キャッキャ）」など。

※主要参考資料
・『食通知つたかぶり』（丸谷才一／文藝春秋社）
『食通知つたかぶり』（丸谷才一／中公文庫）
・『名作　飲み喰い物語』（山本容朗／河出書房新社）
・『文士たちの伊豆漂白』（鈴木邦彦／静岡新聞社）
ほか

◎丸谷才一（1925〜2012）

山形県鶴岡市生まれ。東京大学文学部英文科に学び、卒業後同大大学院へ。在学中から篠田一士らと文学修行に励み、英文学の翻訳も行なう。國學院大學や東大英文科で教鞭を執りながら小説を書き、昭和42年『笹まくら』で河出文化賞、翌年7月に『年の残り』で第59回芥川賞を受賞し、本格的な文筆活動に入る。著作はほかに、『たった一人の反乱』『後鳥羽院』『横しぐれ』『文章読本』『女ざかり』（吉永小百合主演で映画化）など。訳書は『ユリシーズ』（共訳）、『若い芸術家の肖像』など多数。多くの文学賞の選考委員を務め、村上春樹を芥川賞に強く推したことで知られる。

神吉拓郎

狩野川の「富士見アユ」、
長良川の「美女アユ」、
そして奈良・吉野川の「釣瓶鮓」——
短編の名手が仕掛けた魔法の味わい

珠玉の随筆「鳴るは鍋か、風の音か」

昭和59年（1984）6月30日に発売された神吉拓郎著『たべもの芳名録』は、月刊文芸誌〈小説新潮〉の昭和54年1月号から翌55年12月号に連載された『食物ノート』を加筆、改題した、軽妙洒脱な食の随筆集。腑に落ちないのは、連載終了から4年という中途半端な歳月を経て単行本化されていることである。その理由は、神吉拓郎のプロフィールを一目すれば瞭然となる。

昭和3年東京生まれで、終戦時は成城高等学校文化3年生。卒業後、ラジオ放送の構成作家として才能を発揮し、永六輔や野坂昭如らと交遊を結ぶ。その傍ら雑誌のコラムや短編小説を書き始め昭和58年、都会に暮らす人々の哀歓がにじむ作品集『私生活』で第90回直木賞を受賞。

その受賞翌年に、『たべもの芳名録』は新潮社から広く世にでた。

つまり、直木賞をとったことで、4年間埋もれていた「食物ノート」が、単行本として広く日の目をみることになったわけである。おまけにこの本は、その年に「第1回グルメ文学賞」を受賞。その後文庫本にもなり、現在も読者の舌をうならせている。

ページを開けば、「鯛の鯛」「丸にうの字」「牡蠣食う客」など、24の珠玉の掌編が収録されている。夏の「アユ」ももちろん登場するが、その前にまず、今の季節にふさわしい「湯豆腐」に材をとった名編を味わってみたい。

　題名は、「鳴るは鍋か、風の音か」とある。

気のおけない友が集まっての帰りがけ、「ちょっと温まろう」ということになって、誰かが「湯豆腐を喰おうじゃないか」と提案したことから、湯豆腐屋の暖簾をくぐる。そこでは、豆腐の栄枯盛衰や蘊蓄《うんちく》が数多《あまた》語られ、神吉の博識ぶりが嫌味なく披露される。

　そして、湯豆腐のよさはどこにあるのかという話になる。

　第1は「湯気がある」ことであり、「湯豆腐の湯気は、牡蠣《かき》鍋ともフグちりとも違う。淡く、柔らかな湯気だ。寒気のなかで、こわばる気持ちをほっと落ち着かせ、ときほぐす湯気だ」と。最近は豆腐の鍋ものというと、純豆腐《すんどぅぶ》などというチゲ鍋のようだが、湯豆腐はそんな真っ赤な唐辛子の辛さで強制的に身体を熱くするのではなく、湯気のぬくもりでほんわかとつつしみ深い〝温かみ〟を醸しだす。

　次は「音」である。「この鍋のたぎる音は、谷を渡る風かも知れない。都会の日常の、雑多な音のなかに類のない、年月を越えた音である」と、名手のペンは簡潔に要所を押さえる。

　さらに、色である。「フグの白、イカの白、と、また異った、豆腐の白の簡潔」。この豊満で清潔で官能的な、今にもくずれそうな白こそ湯豆腐の真骨頂だろう。

会食の場が終わりに差しかかるころ、神吉拓郎はかつてある知人と湯豆腐を囲んだときの会話を思い出す。それは、「金聖嘆《きんせいたん》」という中国明朝末〜清朝初期の文人の書いた〈人生の愉快なひとときに関する三十三節〉に、「湯豆腐を喰うときの楽しさ」も加えるべきではないかという話ではじまる。

つまり、湯豆腐を囲む楽しさというものは、「人間の官能と精神が愉快に結びついた好例に違いない」、同じ鍋でも、すき焼きや葱鮪《ねぎま》では濃厚すぎる、「湯豆腐の淡さこそ、それにふさわしい」とお互い納得しかけるのだが、どうも今ひとつもの足りない。あ〜だ、こ〜だと意見をやり取りした末に、その男が極めつけのひと言を口走る。

「女を配してはどうかね」

男ばかりでは、いかに楽しくても、侘しすぎる。

「どうだい、いっそ差向いにしたら」

これで、神吉拓郎の想像力にパッと火がつき、またたく間に珠玉の掌編ができあがる。それは、「きぬぎぬの朝」に男と女が湯豆腐をつついている情景だが、結末の数行が絶妙。抜き書きする。

「――ゆらゆらと湯気が上っている。外の雪はやんで、障子は一面の柔かな陽ざしだ。女は徳利の燗《かん》を気にしながら、私の盃を満たし、顔を寄せて、

『何時だと思って』

と、いたずらっぽく笑う。

鳴るは鍋か、風の音か」

………

一夜を共にした翌朝の、目元に恥じらいをたたえた女の艶っぽさと、燗酒を傾けながら絹肌の豆腐を口に含む男の愉悦とが絡み合い、さらに、タイトルにもなっている最後の1行では、道ならぬ恋に微妙に揺れ惑う男女の心の機微が、湯気の向こうにおぼろに見え隠れするではないか。簡潔な文体で、物語の自在な展開を想像させる神吉拓郎の、これが筆法の妙というものだろう。

随筆「鮎の顔つき」と短編小説「鮎の宿」

「鮎が育って、夏」

こんな、梅雨空がパッと晴れたような一行で、随筆「鮎の顔つき」は本題に入る。

東京に生まれ、戦中~戦後の混乱期が青春時代だったなどで、神吉は「鮎の味は、なかなかわからなかった」という。つまり、食べる機会がなかったのである。

はじめてのアユは、伊豆の大仁温泉に出かけたときだ。狩野川台風（昭和33年9月26日）の直前のことだったというから、神吉拓郎30歳の夏だろう。7~8月はまさしくアユの最盛期である。

「その時に出された塩焼きの鮎がウマくて、何匹かお代わりをした覚え」があり、そこで見た朝焼けの富士山の印象も強く残っていて、「鮎もそうだが、この時の富士の眺めも、今迄で一番だった」と書く。そして、「しあわせなことに、鮎には好い景色がついて廻る」と続けている。

これに太宰治を絡ませて、「富士には鮎もよく似合う」と唱えても、誰も異ははさまないだろう。アユの季節は、月見草の可憐な黄色い花の咲く季節でもあるのだから。そんなことから、狩野川のアユは、〝富士見アユ〟と名づけるのも悪くない。

なお、月見草は太宰の勘違いで、黄色い花をつけるのは宵待草であり、この2つの植物が混同されて用いられやすいことは、本書「阿川弘之」のところで先述した。

次は郡上八幡、長良川のアユである。

「この時は、まだ鮎は小さかった」というから、6月のアユ漁解禁直後だろう。

「その料理屋の主人は、しきりに鮎の小さいのを残念がって、もう少し後ならば」もっと大きい、姿の好いアユを食べてもらえるのにと恐縮していた。が、「その鮎でつくった雑炊は、香りが高くてウマかった」と賞讃。

待てよ、「鮎の雑炊がウマかった」というのは、どこかで読んだ記憶がある。神吉拓郎の食をめぐる短編集『洋食セーヌ軒』に所収の「鮎の宿」が思い当たった。こちらは随筆ではなく、短編だがれっきとした小説である。

小説のほうは随筆「鮎の顔つき」の後に書かれたものであり、改めて読み返すと、このときの長良川でアユを食したときの体験をもとに、ここに1人の魅力的な若い女性を配して仕上げたものであることがわかる。

そこで、ここからちょっと「小説」のほうに寄り道をすることにする。

長良川の美女アユ、釣るべきか、食うべきか!?

「おもい空だった。／雨を含んだ雲が、低く、かなりの速さで動いて行く」と、小説のほうは「随筆」とうって変わって、不穏な書き出しである。何か、コトが起こりそうな予感がある。案の定、主人公の高木という妻子ある中年男は、六本木の交差点の横断歩道を渡る人の群れのなかに、「見覚えのある」、「すらりと背の伸びた若い女」を見つけ、「鮎子さん」と声をかける。そして、思いがけない出会いを懐かしみ、お茶に誘う。
3、4年前の夏、高木は古い友人と、都会を離れて浩然の気を養おうと、四方を山に囲まれた長良川の流れのほとりの旅館に集まった。鮎子はその宿の次女で、いまは東京にでて働いているが、当時は給仕を手伝っていた。その立ち働く鮎子の「もの静かな身のこなし」や「柔らかな目差し」が強く印象に残った。

その夕膳だが、アユはまだ小ぶりなために天ぷらでだされ、期待した塩焼はイワナだった。が、食事の締めくくりにでたのが「鮎雑炊」で、高木は若アユの清々しい香りと味わいに目を細めたのだった。

喫茶店に入った2人は、そのときの長良川での話題に花を咲かせる。

「あれは、楽しい旅行だった」、「いいところだな、あの町は」などと高木がいえば、「どんなところがですか」と鮎子が返し、「そうだな。いい匂いのする町だ。山の匂いがして、川の匂いがして、樹の匂いがして……」といって、一瞬、間をおいて「あなたからも、その匂いがする」と高木が思わせぶりな言葉を投げかける。しかし、彼女はただ黙って肩をすくめるだけ。

その後、天然と養殖アユの違いの話などで盛り上がり、やがて連れだって店をでる。その別れ際、

「今度また、どこかでばったりと会うんでしょうね」と高木。

「ええ、どこかで、いつか」と、鮎子は当たりさわりのない言葉を返す。高木は、もう一押しする。そのやりとりは次のように展開する。

「『今度また、偶然に会ったら……』
高木は、冗談めかして言った。
『そのときは、浮気をしましょう』
思いきって、そう言うと、鮎子は、はっとした様子で、高木を見詰めた。
『約束して下さい』
高木が念を押すと、鮎子は困ったように、口をつぐんでいたが、
『約束します』
と、呟くような声で言った」
してやったり、高木の胸は高鳴った、はずである。
——その数カ月後、高木に差出人不明の一通の手紙が届く。その文面は、

鮎は、故里の川に還ります。
お約束は、果せないことになってしまいました。
けれど、いつかは、きっとお訪ね下さることと、お待ちして居ます。
かしこ

差出人が空白にしてあるのは、妻子ある高木に対する配慮であることはいうまでもない。

が、同時にその空白のなかには、鮎子の感情の揺らめきがあり、それを高木はもちろん読みとっている。

果たして、高木はこの後、どうするのか。意を決して、美しく成長した長良川のアユを〝釣り〟に行くのか。しかし実は、先の喫茶店での会話のところで、高木は鮎子にこんなことをいっている。それは、「鮎釣は難しそうだから、敬遠して、やったことがないんだ」。と、すれば、これは釣りに行かないということの伏線なのか。行くのか、行かないのか、ひとりの読者として、私は気を揉むのである。

やむなく、わが敬愛するその道の先輩に教えを乞うた。すると、

「別に、釣りじゃなくても、食いに行かせればいいじゃないか。神吉拓郎は、美食家なんだから」

先輩は、タバコをくゆらせながらニヤリッ。

そうか、美しいアユを釣りに行くんじゃなくて、食べに行けばいいのか――!

ここに至って私は、短編の名手に仕掛けられていた魔法から解放され、ハッと我に返ったのであった。

奈良「釣瓶鮓」、そして突然、村上春樹登場！

再び、『たべもの芳名録』に収録の「鮎の顔つき」に戻ると、「吉野山へ行ったのは、花のあとだった」と、全山が桜色ではなく、新緑に包まれた吉野の旅でのアユ寿司の話がでてくる。

奈良県吉野のアユ寿司といえば、吉野川沿いの町、下市の「つるべすし弥助」である。当然、神吉もここを訪ねる。

「下市には、歌舞伎の義経千本桜の鮓屋の段にも登場する昔ながらの弥助ずしがある。吉野川の鮎を姿ずしにして、つるべ形の桶に入れた押しずしである」と解説。

開業は800年以上前、現存する最古の寿司屋である。昭和14年に再建された3階建の建物は、ベンガラ色（暗い赤みを帯びた茶色）の壁が人目を引き、蒼然たる店構えが古のにぎわいを伝えている。「つるべ」は、《朝顔につるべとられてもらい水》の、あの井戸水を汲むつるべ（釣瓶）のことで、そのことから、「釣瓶鮓」の名がついた。

「吉野川の鮎は花びら鮎といって、川いちめんに散りかかる花びらを食べるので、ワタにも身にも花の香りがするのだ、と、土地の人はいうらしい」

春に河口から一路吉野まで遡上してきた稚アユが、川面を流れるサクラの花びらを食べて成長し、それで芳香ゆたかな若アユに育つのだと、昔の人が信じたとしても不思議ではない。それほど、吉野のサクラは見事だということでもあろう。

アユが「花びらを飽食し終わった頃」に、神吉拓郎は「釣瓶鮓」を味わった。その感想は、「時季としては悪くない筈だったが、香りはまずまずというところだったような憶えがある」と、やや期待はずれだったか。

そして、店の外観や庭の景観の印象が強く、「その眺めの方が面白くて、鮎の味は、つい忘れてしまった」と弁解じみた言い訳をしているのがおかしい。

この伝来の寿司は、酢で締めたアユの腹に飯をつめてつるべの形をした曲げ桶に入れ、フタをして上から押さえつけて、そして5日間ほどおき、乳酸発酵させて酸味滋味を生じさせる〝なれずし〟の類で、現代人の口に合うとはいいがたい。そのためかどうか、この伝統の味は現在メニューからはずれ、代わりに押し寿司が提供されているようである。

「弥助」には、吉川英治や谷崎潤一郎、美空ひばり、ディック・ミネら多くの著名人が訪れている。興味を引くのは、そのなかに作家の村上春樹が含まれていることである。

月刊文芸誌『群像』昭和58年（1983）1月号に、当時33歳の村上春樹は「奈良の味」と題したコラムを寄せている。それは、毎年秋〜冬ごろに結婚記念日を兼ねて「静かなところにでかけて美味いものを食べることにしている」ではじまり、この年は奈良の弥助寿司を味わったと記している。その件はこうである。

「『弥助』は有名な料理旅館だから御存知の方も多いと思う。ちょっと季節外れではあったけれど、僕は鮎料理が大好きだから、全品鮎料理なんていうお膳を見ると実に感動してしまう。鮎子も美味い」

末尾の「鮎子」は、落ちアユの季節なので、アユの卵のことだろう。

村上春樹といえば、ホットケーキ、パスタ、サンドイッチなど洋風のイメージだが、アユが「大好き」だったとは、なにか不意打ちを食らったような気分である。それで調べてみると、こんなインタビューに出くわした。「好きなものは」と聞かれ、

「**村上**　お豆腐、こんにゃく、それと鰹」

と答えている（インタビュアーは安原顕／『小説新潮』１９８５年夏・臨時増刊号より）。

そうなのか、実生活は和食党か……。

※主要参考資料
・『たべもの芳名録』（神吉拓郎／新潮社）
・『洋食セーヌ軒』（神吉拓郎／新潮社）
・『ブラックバス』（神吉拓郎／文春文庫）
・『二ノ橋　柳亭』（神吉拓郎／光文社文庫）
・『神吉拓郎傑作選1、2』（大竹聡編／国書刊行会）
・『美味探求の本』（重金敦之編／実業之日本社）
・『群像』1983年1月号「奈良の味」（村上春樹　講談社）
・『書きおろし大コラムvol．2個人的意見（『小説新潮』1985年夏・臨時増刊号）
・『釣りの名著50冊』（世良康／つり人社）
ほか

◎神吉拓郎（1928〜1994）
東京麻布生まれ。父は英文学者の神吉三郎。海軍兵学校を志望するが、視力が足りず断念。成城高等学校文化卒業。昭和49年、NHKに入り、野坂昭如や永六輔らがいた三木鶏郎のグループに所属し、台本の構成や執筆、さらにエッセイや短編小説なども手がける。43年、放送業界から離れて小説に専念。58年、『私生活』で直木賞受賞。代表作『ブラックバス』は疎開先で玉音放送を聞く17歳の少年のナイーブな心情を描いた短編。ほかに『曲がり角』『夢のつづき』『花の頃には』など。

國分綾子

落ちアユなのに頭から背骨まで
残さずいただけて、
ふくらんだ腹の子がまたおいしい――。
琵琶湖・安曇川のアユは、
11月はじめまで美味！

京都周山、上桂川の川原でアユの宴

今回は、30歳半ばで京都へ移り、ライフワークとして千年の古都の味を訪ねめぐった女流随筆家・國分綾子。

仙台生まれ。京都の同志社女学校に学び、結婚を機に一時東京に住むが、戦後再び京都に移り住み、夕刊京都新聞で文化・学芸方面で健筆をふるう。退社後はフリーとして、女性らしい視点と細やかな感性で、京都の味と人と風土を紹介。なかでも、昭和48年に発売の京の美食店ガイドともいうべき『京都味しるべ』は、改訂版、最新版、新版などが毎年のように発行されるロングセラーとなり、京都を訪れる人たちばかりか、京都在住の人びとにも愛読されてきた。

彼女の十数冊にも及ぶ著作のなかの1冊、昭和54年発売の『洛北四季』では、「鮎の宴」のタイトルで、周山・上桂川のアユに焦点が当てられている。

「周山から街道を左へ入ると、ややあって上桂川が見えてくる。川沿いにしばらく行く。川幅はかなり広く、瀬は早いがまことにきれいな川で、ところどころに鮎釣りの人の姿が見える」

國分の美食仲間の遠縁にあたる住まいがこの川の近くにあり、そこに仲間が集まって

「堪能するほど鮎を食べて帰る」毎夏恒例の催しなのだ。川原にはテントが張られ、火の準備も整えられていて、「川べりの大きい桶《おけ》にたくわえられた鮎も勢いよく泳いでいる」

集まっている顔ぶれにも注目だ。「嵯峨の吉兆、千本今出川の天喜」といったアユの老舗名店の主人たちのほか、店の若い者も「包丁や木炭、長い焜炉《こんろ》ご持参」でやってくるというから豪勢だ。厨房の腕利きたちが夏空の下で炭火をおこし、桶に泳ぐアユを手づかみにして金串を打って炭火であぶり焼く。川原にはおあつらえ向きにタデが繁り、これをタデ酢に仕上げる。また、「流れの石の上に俎板《まないた》を出し、鮎の背越しをつくる人」も。

まもなく「塩焼きが焼け、川の水の上にうまいにおいが流れて行く。焼けたのをテントまで走って届ければ、待ちかねた連中は、なんと頭からガブリ、続いて尻尾まで、続けて二尾（中略）、つぎつぎときつね色に焼けた鮎が届いてくる」という具合で、「鮎は日本一、焼き手も又第一級とあって、おまけに涼しい川風をうけて、食欲は際限がない」。

一行は家族同伴も多く、子どもたちも一緒で「食べては泳ぎ、上がっては又頬張り」で、何尾食べたのか指を折っても数えきれないほど堪能。

そして最後に、「世話方の家のお台所から鮎ごはんと自家製の大根漬けが届けられると、／『もうお腹いっぱい』と箸と茶碗を置いた人たちも又川原のござに座り直し、おいしい、おいしいとお代わりをいうのだから驚いてしまう」。

その鮎ごはんは、世話方の若嫁さんが炊いたものだが、「一流料亭の若主人もほめる」

ほどの味。誰かが、「どうして炊かりますの」と問うと、彼女はポッと頬を染めていう。

「鮎は一ぺん白焼にしてほぐし、骨をよくとっておいてお釜の中のほとんど炊き上がったごはんの上にパッと入れてふたをして蒸らすんです」

これを食べた國分綾子の感想はこうである。

「生きた鮎の味が、ごはんにうまく回って、こんなにうまくなるのか」

いい流れに恵まれ、良質のコケを食べて育った釣りたての活きアユであれば、小細工不要。皆があまりにほめるので、「若嫁さんはもう一ト釜鮎ごはんを炊き上げてみんなに折詰めにして」、お土産にもたしてくれたという。京都市中から離れた周山という人と風土の、そんな「素朴なところが又うれしい」と國分はしみじみと幸せを感じるのだった。

塩焼のタデ酢はアユに直接かけ、頭からガブリ

周山・上桂川といえば、アユ料理の「すし米《よね》」がある。國分も足しげく通った料理旅館の老舗だ。

京都の茶道の月刊誌『茶道雑誌』に15年間連載された随筆をまとめた『味——人と風景(上・下)』(河原書店から平成2年発行)の上巻に「周山のあゆ　すし米」が収められている。雑誌に掲載されたのは昭和59年(1984)8月号で國分は74歳。老いの身とはい

え、繊細流麗なペン先に衰えの気配はみえない。

そこではまず、京都の夏の風物詩の代表である祇園祭を取りあげ、そこから、梅雨の水を飲んで脂が乗ってうまくなるハモが連想され、そのハモと並んで「京の夏にうれしくも得がたい美味として君臨するもの」として、「京の北山の清流のあゆ」に焦点があてられる。

この「祇園祭」から「鱧《はも》」、そして鮎へと移る文脈の流れが実にスムーズである。

そして、「鮎」の字は、中国では「なまず（鯰）」の意味だとか、アユは獲りたてを地元で食べるのが一番うまいなどというひと口話のあと、アユは「京の夏の味覚の一方の王座を占める」ものであり、なかでもその筆頭ともいえる上桂川のアユを食べさせるのが、周山の「すし米」だといって、いよいよ本題へと入っていく。

この店は、「京北町周山大橋畔にあって、創業は大正のはじめ（著者注＝大正3年）、京都から出てきて店を出した、すし屋の米次郎さんというのが初代であった。名のとおりすし屋で開店したが、場所がら、季節になると釣人や漁業関係の人が釣りたての活けあゆをもってくる。これを焼いて出すとたいへんに好評で、ついに『あゆ料理のすし米』さんになったという店だ」。

成り立ちを、このように簡潔軽妙、親しみやすく紹介。

次は場所《アクセス》である。

「ご案内のこの日は京都から車で一時間あまり。それも福王子から道を北にとり高雄(尾)、槇尾《まきのお》、栂尾《とがのお》のいわゆる三尾《さんび》を通りすぎ、緑濃い夏木立、北山杉のむっくりした山肌を愛《め》でながら中川を通りぬけ、やがて周山。峠のトンネルをぬけると視界は開けて京北町を見おろす絶景が広がる。

橋のほとり、『すし米』の堂々とした新築大玄関まえについた」

到着までの道程には古都の歴史が秘められており、その景色はワクワク感にあふれている。周山街道の難所である栗尾峠のトンネルを抜けると、眼下に広がる京北の町中を蛇行する1本の流れが光っている。それが、上桂川である。

その上桂川の岸辺に「すし米」の純和風の建物がある。「ときどき河鹿が鳴き、とんびも負けずに鳴いたりとんだりして、のどかな」場所である。

料理が始まる。

川エビやゴリなどがでて、アユの1番手は「背ごし」である。これは、「活けあゆでなければならないし、包丁が鮮やかでないとだめといわれている。コリコリとした身のしまりかたで、大葉しその上にきれいに並んでいる」。

この「包丁が鮮やか」という表現に、背越しという料理の真髄が見える。

2番手の「あゆずし」は、「一尾を開いて酢でしめ、すがたのままずし飯の上にのせてしめて、三つに切ってある」。

いよいよ「塩焼」である。

2尾の焼きたてのアユが「形よく組みかさねられて」いる。

「これは、なにごとをおいても熱いところをがぶりと噛みいれるにかぎる」ことから、「内臓の熱いところもひと思いに味わっていただきたい」と書き、そのためにタデ酢は一口ごとに浸けるのではなく、「私は熱いあゆの上に必要量だけかけて」、「あとは熱いのを用心しながら、骨ごと尾っぽまで食べてゆけばいい」と自分流の合理的な味わい方を披露。一口ごとにタデ酢に浸すのではなく、焼きたてのアユにかけて一気に頭から尻尾まで食べるのが國分女史の流儀なのである。

ところが当日のアユは少々手ごわくて、「太い背骨のところだけはやり敬遠して取りのぞいて食べおえた」のは、ご愛敬というべきか。

「脂のまわり具合も満点。外側の皮のこんがりとした焼き加減もいうことなし。『ああおいしかった』と同行の二人は同時にそういって箸を置き、ビールのコップをとりあげた」のであるが、残念ながら、國分は下戸なのである。

塩焼の後は味噌焼。これは、「背を少し開き、そこへ手づくりの米麹味噌を詰め、上からこんがりと焼き上げて」いて、甘味、香りとも申し分なし。

〈すし米〉名物「ウルカの土手焼」

次が、「うるかの土手焼」である。これは、本連載の11回目で太公望画伯福田平八郎も触れている。川原の平らな石を熱し、その上に味噌を土手のように置いて、中央の空いたところに活けアユの内臓の塩漬（ウルカ）を入れ、焼きながら味噌と調合し、自分好みの味で味わうという、すし米の初代から続く遊び心にあふれた名物料理だ。福田は、周山近辺の写生のため、このあたりをたびたび訪ねており、なじみ客でもあった。

國分は、この名物料理について語る前に、話題を食膳からいっときそらして、間をつくる。

「川風であろうか、開けはなった庭から、また玄関のほうからすっと涼風一陣、汗がひく。すばらしい涼しさである」

この一筆で、読者の頭や気分、そして舌も一新される。

「そこへ、待望の土手焼が運ばれてきた」

と続くわけである。

「このときのうるかは、塩に三年つけておいたものと今年の新しいうるかをうまく混ぜて使っている」とか、「背ごしとあゆずしにするあゆのうるかをきれいにとって貯えておきます」、「塩蔵《えんぞう》ですが、塩分はかなり控えてあります」と主人に取材した内容も入っていて、その味に一層の興味を惹かせる。

うるかは、佳肴《かこう》として喜ばれる。その味わいは、

「味噌とうるかが、やがてプチプチと煮たってきたのを少しずつ混ぜて、小皿にとり、箸の先を舐《な》めるようにして舌の上にのせると、味がひろがってゆく。なんともいえぬコクのある味である」

ウルカは、舌先でなめるように、少しずつ味わうことで、「なんともいえぬコク」が口中へはばたいてゆく。「お酒を召しあがるひとには無上の珍味」だろうと、自分が下戸であることの口惜しさを滲ませる。

そしてまたたく間に、「うるかも味噌も焼け石の上に焦げついたのだけになってしまった」。

次には小アユの天ぷら、そして味噌汁にアユ雑炊が運ばれてきて、お開きとなる。

9月末になっても若アユのみずみずしさ

同じ『味——人と風景（上）』には、もう一軒、欠くべからざるアユの名店として、「比良山荘」が登場する。位置的には滋賀県だが、京の文化圏にある。

創業は昭和34年。「裏比良の真裏（西）の山峡にあって、しいていえば比良登山客の旅宿、山男の宿」で、「都会風のしゃれた懐石料理などとはちょっと縁が遠いのである」。

こう書いているように、國分が訪問した当時（昭和60年）は、琵琶湖の西岸を南北に走る比良山系の登山客相手の素朴な料理宿という認識であった。

その料理は、「『あゆと山菜の宿』を看板に、趣向を凝らすというより、土地の渓流でとれるしまった形の細身のあゆを得心のゆくまで食べさせてもらえ（中略）、通《つう》ぶらずに、ただ頭からがぶりと食べるのがよいという宿で、大切なことであるお勘定だって私風情でも払えるほど（というのは、山登りの人たち本位に）、という方針を忘れぬところがうれしい家なのである」。

嵐山や、また祇園など料亭で高い金を払ってかしこまって食べるような場所ではなく、庶民のための山里料理宿というところだった。

比良山の麓にあって、「土地のあゆ」を食べさせるということは、それは琵琶湖から遡上してくる安曇川《あどがわ》水系の天然アユということである。この安曇川のアユは、「頭が小さく、体形もほっそりと、落ちアユの期間に入ってもあんまり大きくならず、それでいて子はまるまるとはいっている。そして九月の末、十月になってもおいしくいただける」ということで、國分は登山客やキャンプ客が落ち着く九月の末ごろに出かけた。

めざすは葛川《かつらがわ》坊村。

京都からは八瀬、大原の里を過ぎ、花折トンネルを抜ける。すると道路は安曇川に突き当たり、これを若狭方面へ行くとやがて葛川の学校が見え、その前の橋を渡ると、坊村はすぐそこ。比良山荘は、坊村の明王院の参道右側にある。京都市街から車で1時間あまりだ。

「山荘の入口のまえを山のほうから来るゆたかな水量の澄みきった水がとうとうと流れている。ビールが冷やしてある。水は庭の池に入る。こいとあゆがおよいでいる」

食事の前に、天台宗回峰行の修験道場である明王院を訪ねて心身を新たにし、改めて宿へ入る。

料理の支度はもうできていた。

「わらびのおひたし、胡麻どうふ、小あゆ南蛮漬、山菜寄せ卵どうふ、あゆの昆布巻、しめじのうるかあえ柚釜、栗渋皮煮」などをいただき、「向付はこいの洗いちり作り、庭さきの大きい池の水がよいせいか、ここのこいはひと味ちがう」。

山里の精気あふれる食材でのもてなしに、國分は感動する。そして、この次のアユの塩焼でその感動が頂点に達する。

「古い杉板の大皿の上に焼きたての子持ちあゆが十尾、頭を揃えて出てきた。まだピチピチいっているような壮観。二人で十尾だから五尾あて。豪勢なことだ」

いかに琵琶湖のアユの成育が遅いといっても、9月末の子持ちアユに頭からかぶりつく

のはさすがに抵抗があろう。しかし、

「頭から食べていささかも骨を感じさせぬ若あゆみたいなのがここの特色。ふくらんだ子持ちのその子がまたおいしい」と、例によってタデ酢をかけて、頭から夢中でかぶりつく。

そして女将さんに「ここのはふしぎなことに子持ちでも味が落ちないんです。骨はやわらかいし、脂はあるのにしつこくないし」というと、「オスのほうはやがてまっ黒になって死んでしまいますけど、まだこの落ちあゆは十一月はじめまでイケます」と女将さん。

こうして、「頭から背骨、ただ尾を少し残していささかの痕跡も残さずいただきおえた」と満足し、「落ちあゆでこんなのもめずらしい」と不思議がる。

焼き方は「表四分に裏六分、こんがりとキツネ色に香ばしく、焼き串をぬいて（皿に）並べて運んでくる」。

塩加減は「活きたのを使うから化粧塩はしていない。（中略）串にさし焼くまえに遠くからパラッと振り塩をする程度」だ。

化粧塩は「活きていないのを活きているようにみせるため背ビレ、尾っぽなどを塩で固める」のをいう。生きたアユに串をさして焼けば、ヒレや尾はピンと立ち、化粧塩は不要である。

そのあとは、「甘露煮（さんしょ鮎）が出て、ご飯と香のもの。松茸ご飯には少し早かったが、新漬のしば漬がよかった」。

やがて、アユがすっかり川下に落ちてしまうと、〈比良山荘〉はクマ鍋やシカ鍋、イノシシ鍋の季節になる。

※主要参考資料
・『洛北四季』（國分綾子／鎌倉書房）
・『味——人と風景（上・下）』（國分綾子／河原書店）
・『新　京都味しるべ』（國分綾子／駸々堂出版）
・「鮎で暮らす男　野間清の夏」（世良康／月刊つり人臨時増刊号『鮎釣り２００１』所収）

◎國分綾子（1910〜2007）
宮城県生まれ。同志社女学校普通科終了後、同校専門部家政科に学ぶ。結婚して13年間の東京生活。戦後京都に住まいを移し、夕刊京都新聞社に入社して新聞創刊号（昭和21年5月）から携わる。そして報道部、文化部長、学芸部長、論説委員を歴任。退社後は随筆家として活躍。京都府観光協会委員、日本文芸家協会会員、日本ペンクラブ会員。著書に『京のお飯菜（おばんざい）』『京味百選』『京都味しるべ』『精進料理』『洛北四季』『味——人と風土（上・下）』などがある。単に京の味を紹介するだけではなく、その歴史、人物、風土、原材料にまで切り込み、上品で品格漂う文体で読ませる。

高橋 治

取材先で存分に鮎を食った。
一番美味かったのは四万十川、
長良川、九頭竜川、大日川。
川が駄目になったところの鮎は、
やはり駄目である

女は男の腕の中でアユや蝶になる!?

♪私あなたの　腕の中
　跳ねてはじけて　鮎になる

石川さゆりが眉を寄せて切なく歌う「風の盆恋歌」の一節である。カラオケで十八番という人もいるだろう。この歌は、高橋治の同名小説に感化されて、なかにし礼が作詞し、三木たかしが曲をつけたもの。石川さゆりにとって「天城越え」以来の大ヒット文芸艶歌といえよう。

小説『風の盆恋歌』は、富山県八尾で毎年9月1日～3日にかけて行なわれる哀調の盆踊り「おわら風の盆」の調べにのって、人生の坂を過ぎた男と女の30年間にわたる忍ぶ恋の果てに結ばれ、そして破滅に至る不倫の愛の物語。

そのクライマックスともいえる、ヒロインのえり子と主人公の都築が初めて結ばれるシーンで、女は男の腕の中で「鮎になる」のである。その場面は蚊帳の中で展開されるが、紹介するにはちょっとはばかられるような描写なので、その最終局面を少し書き抜いてみよう。

（えり子の）上態が都築の両腕の中で力を失った。

呼吸はまた寝息のようなものに変っている。都築はいとおしみながら、その体を横たえた。

「……鮎《あゆ》よ」

「え」

と聞き返す言葉を辛くも押さえた。

「……鮎……細い、糸のような……藻《も》よ。……岩についてるの。……若草色の藻よ。……あ、揺れてる。……石だわ。……小さな、可愛い石がいっぱい。陽ざしが……石の上で、チラチラして、……ああ、私の体にも……さしている……」

はっと眼を開いた。信じられないという表情が走った。

「私、なにか、いった？」

「鮎になったのか」

都築は微笑《ほほえ》みかけた。

ここを読んだとき、こんな歌が流行ったことを思いだした。
♪あなたに　抱かれて
わたしは　蝶になる

森山加代子が明るく元気に踊りながら歌った「白い蝶のサンバ」である。作詞は阿久悠だ。どうやら、女は男の腕の中で、アユになったり蝶になったりするらしい。

釣りは好きだが、アユ釣りはご法度

映画監督から作家になった高橋治は、幼少期に川釣りを覚え、その後ハゼやシロギスなど海辺の小もの釣りに熱中。さらに松竹入社後は大船撮影所に近い葉山の海で沖釣りに目ざめ、千葉の竹岡では釣りの名手にタイ釣りを仕込まれた。この経験によって執筆された『秘伝』で昭和58年度第90回直木賞を受賞。さまざまな釣りを貪欲に追及しながら、彼はアユ釣りにだけは手をだしていない。その理由を、晩年に著した食随筆『旬の菜滋記』の中で次のように明かしている。

「私は変に片意地なところがあって鮎釣りはしない」と。そして実際、生涯を通してアユのサオを手にすることはなかった。

なぜ、「鮎釣りはしない」と決めたのか、その理由がふるっている。

「興味がないのではなく、あの女性に近づくと身を亡ぼしかねない」というのと似ているからだ。

「鮎の味にぞっこんで、釣りになど手を染めたらどこまでのめりこむかわかったものではない」と自分の気性をよく知っているがゆえなのである。彼にとっては、アユの香りは危険な香りであり、食べて味わうだけで我慢。アユの釣りにまで手をだすと、それでなくても釣りに目がない彼にとって、恋情一途、どこまで堕ちてゆくかしれない危うさを本能的に感知していたのだろう。

実際、釣りのなかでもアユは、掛かったときの引きが強く、鋭く、複雑で、その引きの凄味で、一瞬のうちにアユ釣りに魅了される釣り人も多いのである。また、釣ったばかりの魚体の美しさは比類がない。さらに、アユ釣り技術の奥はどこまでも深く、果てなく、その底なし沼のような魔力にはまると抜け出せなくなり、家庭崩壊、家屋敷財産も失うはめに陥る危険さえある。実際、過去にはそのような事例も少なからずあったと聞く。

高橋治にとって、アユは魔性の女のように手ごわく、近づきたくない存在。下手に手をだすと身の破滅につながりかねない。恋焦がれるが、手はだせない。このアユに対する抑え込まれた感情が、小説『風の盆恋歌』の魅惑のヒロイン・えり子に投影されているといえるだろう。

取材地に滞在中、アユを存分に食った

「いままで口にした鮎で一番美味かったのはどこか」

高橋治は食の随筆集『大地が厨房だ』の「語義不明の美味――うるか」の章で、まずこのように問いかけ、その答えとして、四万十川（高知県）、長良川（岐阜県）、九頭竜川（福井県）、大日川（石川県）の4つの河川名をあげている。「四万十川と長良川は、それぞれが舞台の長い小説を書いた。だから、現地に何度も足を運び、アユも存分に食った。福井県九頭竜川、石川県大日川、この両川は白山麓僻村塾の地元だから、いつ頃が一番美味いかまで知悉している。この四本の川の鮎は、恐らく日本でも有数のものだろう」

ここにでてくる「白山麓僻村塾」（前身は「白山麓僻村学校」）は、石川県白山市にあり、高橋治を中心に昭和63年に発足した現代版寺子屋。講師に池澤夏樹や湯川豊らが参加し、高橋亡き現在も開講中だ。高橋はそれ以前からこの地で小説の構想を練ったり、執筆に勤しんでいた。「おわら風の盆」が開かれる八尾の町にも近く、先の『風の盆恋歌』もここで構想されたか、書かれたものだろう。なお大日川は手取川の支流、水はきれいで、アユは県下一の美味という。福井県の九頭竜川は北陸きってのアユ釣りの名川で、天然遡上も多い。

小説『流域』と四万十川のアユ

高橋治は、「四万十川と長良川」は長篇小説の舞台になったので、取材で滞在してアユを存分に食ったと記している。調べると、四万十川は『流域』(平成1年発行)、長良川は『春朧《はるおぼろ》』(上下2巻。平成4年発行)の舞台になっていることがわかる。

そこで、まず『流域』から取りあげてみよう。

『流域』は、『小説現代』の昭和62年1月号~同63年2月号に掲載された実験的な小説。舞台女優・華子と才能豊かな演出家との悲恋と新しい恋の物語を中心に、清流四万十川流域の紀行、歴史、風俗、そしてアユや怪魚・赤目釣りなどのノンフィクションを織り混ぜ、やがてそれらが1本の大河となって海へ流れ込んでいくように大団円となる。

四万十川のアユも登場する。

まずは、四万十流域に残る〝夜這い〟の話を古老に取材する場面。そこでは、老婆が、「先ほどから炉の側に座って、はちきれるほど抱卵した鮎を、太い竹串《たけぐし》で打返し打ち返ししながら、焼いて」おり、この落ちアユの焼ける濃厚な香気に包まれたなかで、夜這いの自慢話や失敗談が語られ、晩秋の夜長は白々と明けていく。

これを取材する高橋治も、当然竹串で焼かれた子持ちアユを頭から頰張ったろう。囲炉裏でじっくり焼きあげた四万十川の大ぶりのアユの串焼、不味《まず》かろうはずがない。

ほかにも、アユはところどころでてくるが、この物語の最終局面での、アユの「再解禁日」の場面が面白い。

四万十川のアユ漁は原則として5月15日〜10月15日が解禁期間だが、10月16日〜11月31日を産卵保護のため禁漁期間としており、産卵を終えた12月1日から再び解禁する。この再解禁日は、釣り人ばかりか流域の人たちも総出でアユを楽しむ〝アユ祭り〟のような様相を呈する。

高橋治が取材したころは、11月半ばが再解禁日だった。地球温暖化で、アユの抱卵時期が少しずつ遅れ、現在は12月1日にずれ込んでいるのであろう。

その日は、「ありとあらゆる鮎の漁法が、全部天下御免なんです。釣る。網を打つ。潜る。手づかみ」と、高橋は小説のヒロイン・華子に語らせている。

アユ釣りはご法度の高橋治は編集者を伴って、「中村じゅうに鮎の香りが漂う」というこの日を取材に出向く。「中村」は四万十川下流の町で、現在は四万十市。

河原に着くと、「びっしりと人が埋めていた。手に手に網を持ち、竿を持ち、気の早い人々はもう膝まで水に入っている」。

朝の6時半きっかりに、人々も舟も一斉に動き出した。

網を投げる人のすぐ脇でサオをだす人、のばされたサオ先に網を打つ人……。「無秩序と際限のない混乱が、広大な川一杯に繰りひろげられた」。

このリアルな現場に、あろうことか、高橋治がいまのいま執筆中の小説『流域』のヒロイン「華子」も元気な姿で登場する。

彼女は四万十川出身で、アユ釣りも投網の腕も確かという設定である。ほかに華子の新しい恋人などもこの祭りの場に姿を見せる。そして、フィクションとノンフィクションが入り乱れてのお祭りさわぎ――。

やがて、河原のあちこちでたき火が始まり、獲ったばかりのアユの塩焼の香りが煙とともに漂っている。高橋は、群衆をかき分けるように河原を歩き回り、そこで、ある光景を目にする。そこでは、

「少し酔ったわ」と無邪気にアユを頬張り、酒を楽しむ華子の姿があった――。

小説家が、作中でヒロインと出会ってしまうのである。しかも、まったく違和感もなく。この摩訶不思議な手品のような仕掛けが、この物語の妙味であり、実験的小説といわれるゆえんだろう。

小説『春朧』と長良川のアユ

小説『春朧』は、まだ河口堰もなく、天然遡上アユが川の中を列をなして遡上していた

ころの長良川の老舗旅館が舞台。

河畔の老舗宿「日野家」に嫁いだ沙衣子は、夫の急死で素人同然の身で若女将となる。なれない仕事に追われる中、旧態依然たる旧家のしきたりを守りながら、徐々に改革していくことを使命と課している。

長良川といえば、鵜飼である。日野家では鵜飼シーズンに、自分のところの遊舟の客に天然物のアユを焼きながら届けるサービスをはじめている。これが評判で、いままでは他の同業者もやっているが、中には「どうせ天然ものも養殖ものも区別のつかない客が大部分なのだから」と安くて、見た目も立派で大きい養殖ものをだす業者もいた。そのうち、客からこんな理不尽なクレームが入るようになった。

「なんだよ、お前のとこは。暖簾が古いというから、やることもよそとは違うんだろうと思ってたら、本当にその通りだな。子供の鮎みたいなもの届けて来て。そんなことまでして儲けたいのか」

シーズン初期の天然アユはまだ小さい。せいぜい16～17㎝だ。まだ若アユなので小さいが、香り高く、味わいは清爽である。それに対して、ぶよぶよに太った図体だけデカい養殖アユしか知らない客からの文句である。

そういうとき沙衣子は、「あなたの眼は節穴ですか」とか、もっと過激に「子供の鮎の代わりに、養殖もの十匹も皿の上に並べて届けてやろうか」などといってやりたいのをグッと腹に収めて、「河口から上流までダムがない、つまり海で生まれた鮎がのぼれる川なんて、もう日本には殆どありません」などとその違いを語って聞かせる。すると、たいていの客は納得してくれる。

アユに限らず、ハマチやウナギなど養殖ものをとくに問題視する高橋治のブレない生き方が読みとれるシーンだ。この作品は、日本経済新聞（夕刊）で平成3年5月7日～翌4年8月8日に連載された。長良川の河口堰は昭和63年3月着工、竣工は平成6年。小説の構想・執筆中は、工事も終盤に差しかかったころだった。河口堰が、長良川のアユの遡上の障害になり、近い将来に養殖アユの放流に頼らざるを得なくなる日がくるとなると、人工物による自然の汚染に警鐘を鳴らし続ける高橋治にとってただ事ではない。「養殖もの十匹も皿の上に並べて届けてやろうか」という表現に、彼の憤懣が聞こえてくるようである。

幸い、現在の長良川は漁協の努力で魚道がうまく機能し、毎年天然遡上アユが多くみられる。そうはいっても、河口堰のない時代とは比べるべくもないだろう。

小説『春朧』には、アユ釣りの場面も登場する。それは長良川を愛し、長良川とともに生きて行こうとプロの鵜匠になった日野洋平という好青年に、沙衣子の息子の史郎がアユの友釣りを教えてもらうシーンである。

「史郎のサオが大きくしなった。（中略）竿の先が左右に振られている。（中略）竿先がガクンガクンと引き込まれた」

アユの大ものが史郎の持つサオに掛かったのである。

「あんな先の細い竿に、囮も合わせて二匹の鮎がついてますからね、結構引きが強いんです。子供の力では、寄せて来るのも大変なんですよ」

と洋平。やがて、アユは浅瀬に引き寄せられ、史郎の差し出すタモに収まろうかという瞬間、「力が余ったのか二匹の鮎が空中に踊った。魚体が陽光を反射して光った」。

夏の強い日差しの中を、アユがしぶきとともに空中でキラキラと踊る光景は印象的だ。釣れたのは、長良川のヌシ級の大きさ。魚拓にとって残したいという史郎に、洋平は「一期一会」という仏教の言葉を持ちだして、「魚拓にしたりしないで、大事に食べてやれ」ということを教えるのだった。

釣った魚は食べてやれ――これが高橋治の主張である。リリースして生かすのは邪道、食べて成仏させるのが本道というわけである。

美味いうるかは3年もの以上

再び、『大地が厨房だ』の「鮎で一番うまかったのはどこか」に戻る。結局、取りあげた4河川はいずれも天然遡上アユが豊富ということであり、「ここの鮎が日本一という場所は無数にあるが、概して過去の幻影」であるとし、「川が駄目になったところの鮎は、やはり駄目である」と一刀両断！

川を養う手つかずの自然林、たとえダムがあっても魚道がしっかりしていて天然遡上が多く、生活排水や工場排水もほとんどない、また農薬の類も極力流れ込まない、「そういう川の鮎から作るから、また、うるかも美味い」ということになる。

先の4河川以外に、もう1つ「美味いうるかを作っている川があった」として、高橋治は庄川（富山県砺波市）をあげる。これも北陸の川だ。

「うるかとは、ひと言でいえば、鮎の内臓の塩辛、もっと具体的に書くと、大体二十五パーセント内外の塩を内臓に混ぜたものを差す」保存食だ。その味わいは、「鮎の腸の苦さ、卵と白子の含む独自な味」が生きており、「塩辛中の傑作で日本特産といって」よく、酒肴としても珍重される。

「秋に仕込んだものが、塩になれ、味にまろみを持ってくるには一、二ヵ月かかる。いや、本場中の本場と自認する長良では、本当に美味いのは三年ものくらい」からだそうだ。

長良川が舞台の『春朧』は上下2巻の大作。取材執筆中は酒の肴として、連夜にわたってうるかのお世話になったであろうことが、この絶賛ぶりからうかがえる。

※主要参考資料
・『大地が厨房だ』（高橋治／集英社）
・『旬の菜滋記』（高橋治／集英社）
・『風の盆恋歌』（高橋治／新潮社）
・『春朧』上下（高橋治／日本経済新聞社）
・『流域』（高橋治／講談社）
・『つれ釣れなるままに』（高橋治／ちくま文庫）
・『釣りの名著50冊』（世良康／つり人社）

◎高橋　治（1929〜2015）
千葉県生まれ。東京大学文学部国文科卒業。松竹に入社し、助監督として最初についたのが小津安二郎『東京物語』だった。昭和35年、『彼女だけが知っている』で監督デビュー。同時代の大島渚や篠田正浩らと松竹ヌーヴェルヴァーグを担う1人として嘱望された。昭和40年、同社を退職して作家に転身。第90回直木賞受賞の『秘伝』は愛憎を越えて巨魚に立ち向かう2人の釣り名手の物語。ほかに、『絢爛たる影絵——小津安二郎』『別れてのちの恋歌』『名もなき道を』『純情無頼　小説阪東妻三郎』など。

辻嘉一

塩焼は焼き身にタデ酢の刺激がプラスして、
渾然融和した美味となる。
煮浸しの子持ちアユの風味は、
しっとりと秋の深まりを教えてくれる。
そして、「無常観」という隠し味——

活きアユは刺身より塩焼で

京都・東山の懐石料理《辻留》の2代目辻嘉一は、政財界・文壇・画壇・歌舞伎役者など、各界の著名人と積極的に交流をはかり、その過程で食の味、人生の味を磨き、美味の極致を追求した。

その交流相手はゆうに150人を超え、名前をあげればきりがないが、たとえば文士・文人に限っても、川端康成、北大路魯山人、久保田万太郎、川合玉堂、小島政二郎、幸田文、志賀直哉、子母沢寛、獅子文六、高浜虚子、谷崎潤一郎、福田平八郎、三島由紀夫、吉川英治、石川淳、司馬遼太郎、宮尾登美子――、そうそうたるメンバーが並ぶ。

初めて庖丁を握ったのは14歳。以来、60有余年、ひたすら修業の毎日を送った。「かねがね料理屋はサービス業だから、年中無休が立前だと信じて、（中略）朝、青山の自宅を出て、銀座（店）の閉店まで頑張っております」（昭和51年発行『味覚三昧』あとがき）というように、店が評判になってもなお、あくびをする暇もないほど働いた。それでも、わずかな空き時間をひねりだして料理の研究、発展、普及のための原稿を執筆。その著作は100冊に迫るほどだ。

今回は食べる側ではなく、それを作る一流の料理人から見た「鮎の味」を探ってみた。

『懐石傳書　焼物』に、「いろいろな食べ方はあっても、鮮度のよい活け鮎なら、塩焼が一番です」と書いている。

先の『味覚三昧』でも、「大半の魚の真味は、刺身にするにかぎると言われますが、アユばかりは刺身よりも塩焼の味がはるかにすぐれております」

魚は、鮮度がよければ、まず刺身で食すのが日本人の普通の感覚だが、川魚のアユに限っては刺身より「塩焼」に軍配をあげるのである。

アユ料理の王道「塩焼」はいかに調理し、いかに味わうか。

焼物の要諦とは――。前出の『懐石傳書』によれば、「焼物は最も原始的で素朴な料理」であり、それだけに「美味を作り出そうとしていたずらに技巧を重ねると真の美味からは遠ざかり、作り出した味が真の美味を覆い隠してしまいます」としている。アユに限らず焼物の基本は、あれこれ手を加えず、素材の持つ「真の美味」を引き出すことが肝心ということだ。

さらに、「川魚は特有の生臭い匂いを持っています。この匂いを高温で焼くことによって、快い香ばしい匂いに変え、焦げ味をつけ賞味します」と焼くことの効用を説いている。

高温で焼くといっても、アユは強火の遠火で時間をかけて、表面の皮はこんがりと、中は内臓までしっかり熱が通っていることが求められる。火が近すぎると、表面がすぐ焦げて、中は半焼け状態になる。

鮮度のいいアユに化粧塩は不要

次に、実際のアユの焼き方の手順を『味覚三昧』の「鮎」のページから紹介する。

「まずピチピチはねているアユを串に刺し、すぐ、水気を拭きとり、あら塩（並塩）を両面にふりかけ、火にかけて焼きあげるのです」

この串刺しと塩ふりは手早く行ない、すぐに火にかけることが肝心。グズグズしていると、ヒレの広がった威勢のいいアユの姿に焼きあがらないからだ。ヒレの閉じたアユの塩焼はみすぼらしく、また鮮度が落ちたアユであることを示している。そこで、鮮度が落ちたアユは、ヒレが広がらないのを見越して、「都会では、総じてアユはヒレ塩をして焼くようになりました」と辻嘉一は嘆く。活きアユならば、雪が降り積もったような派手なヒレ塩（化粧塩）は不要と心得るべし。

昭和58年発行の『料理歳時記　旬を盛る・夏』では、この一連の作業はこう書かれている。

「活きたアユを串にさして水気を拭い、パラパラッと塩をふりかけて火にかけると、みるみるうちにヒレが立って活きているような姿になってくれます」

そして、「焼き方は、焼きめをつけないで焼くのが上手だと信じている人もありますが、おいしいアユではあっても、川魚特有の生臭味がありますので、焼きめをつけるのが理想であります」とし、「焦げた味も美味の条件の一つであります」と、とくに川魚の生臭味をうま味に変化させてくれる〝適度な焦げ味〟の必要性を説いている。

串打ちにもたつくと、鮎の鮮度が落ちる。辻嘉一は、『懐石の手ほどき』の中で、アユ串の打ち方を次のように解説。

「串のさし方は、左手でアユの頭を下にして、腹部が左になるようにしっかり握りこみ、目の下から串をさし入れ、腹部の黄色い斑点（注＝つり人用語で「金星」のこと）のやや向こうへ串をつきだし、さらに2センチほど間をあけて中央やや右へさし入れ、中心の骨をくぐらせ、尾を右上へねじるようにしながら、尾に近い腹ビレのあたりへ串をさしだします。

つぎに、アユの中央、2センチほどでている金串の下をくぐらせて箸を通し、背（ビレ）や腹ビレがのびる程度に魚の間隔をとって、三匹なり五匹いっしょに焼きます」

タデ酢がなければ美味は半減

おいしく焼けたアユを、さらにおいしくしてくれるのが「タデ酢」である。

「鮎の塩焼に蓼酢《たです》がなければ、美味は半減するだろうと思います。舌をさすような辛味が、高雅な味わいの鮎に野趣味を添え、川魚特有の生臭さを蓼の葉がすっかり消してくれます」(前出の『懐石傳書』)

タデ酢といっても、材料のタデの葉がスーパーや八百屋で手に入るわけではない。本欄で以前紹介した獅子文六は、自宅の庭にタデを植えていたが、そこまでする人は稀だろうから、川原に普通に自生しているのを採るしかない。

タデ酢の作り方だが、まず川原で葉だけをむしり取って水洗いして水をしぼり取り、細かく刻む。これを、「摺り鉢で摺り、御飯粒を少し入れてさらに摺りこんでおき、アユが焼きあがったら摺り鉢に米酢《よねず》を入れて混ぜ合せ」、これを漉《こ》してできあがり。

昭和60年発行の『五味六味』では、タデについての詳細な説明が載っている。

「タデの葉は河原に密生している草で、谷崎潤一郎先生のお作『蓼食ふ虫』にあるように、葉先をすこし噛んでみると、舌の先をピリッと刺します。この舌を刺す強いクセ味が酢と混ざると、丁度よいカラ味となり、アユに欠かせない脇役となります」

タデといっても同じような草があるので、「必ず噛んでみて採ってください」という。

「舌を刺すような辛味」があることが重要なのだ。

「近頃は酢にタデの葉を刻んだのが浮いているという味を忘れた申訳けのタデ酢が添えられますが、タデ酢はミドリ滴る——といった緑色でなければ本当の味ではありません」と手抜きがはびこる当世を憂いている。

この鮮やかな緑色のタデ酢を器に入れ、焼きたて熱々の焼き身を浸して食べる。また、以前紹介した國分綾子のように、タデ酢を焼きアユに直接かけて食べるのも合理的。熱いうちに一気に食べるという点では、後者がお勧めか。そのタデ酢とアユの塩焼の相性の妙を、辻嘉一は次のように表現している。

「舌を刺すような蓼の葉の刺激が、鮎の焼き身にプラスして、渾然融和した美味が得られます」（前出の『懐石傳書』）

熱々を頭から尻尾まで食べ尽くす

正式な席では、骨抜きという、尾ビレを折り取って頭と骨を身からスルリと抜いて上品に賞味するのもありだが、家庭の食卓や気のおけない席では自己流で結構。

「ヒレを取り去り、尾も折り去り、口中へ差し入れ口元で肉をむしり取って食べ、次は腹部から同様にして食べ」る。手でつかんで直接口で身肉の部分を骨からむしり取るようにして食べて結構というわけだ。そして、「頭もタデ酢に浸してから噛みしめると、案外おいしくて、舌つづみを打ちたくなります」。

頭はガリガリ噛み砕くのではなく、噛みしめるようにして骨をじっくり潰していく感覚。すると、「鮎のエキスともいえる味が賞味できます」（前出の『懐石傳書』）。6～7月の若アユはまだ骨が軟らかく、噛みしめれば噛みしめるほど味わいが深くなる。骨が硬すぎる場合は、エキスだけ吸って吐きだす。かしこまった席でなければ、失礼にはあたるまい。アユは内臓もおいしい。「腹わたにある苦っぽい風味」は「アユの特長」であるから、食べ逃さぬことだ。このように、「こんがり焼けた鰭も腹わたも頭も、残さず食べてこそ、鮎の美味《びみ》に浸ったと申せましょう」。

究極は次のような食べ方である。

「尾だけを折り取り、蓼酢に浸した鮎を尺八のように立てて（持ち）、口中へ差し込んで食べるのです。通人は、この食べ方が最高だと言われますが、男性に限っての食べ方でありましょう」

つまり、尺八を吹くように手で持って頭からかぶりついて、身も骨も内臓も食べ尽くせというわけだが、女性にははしたなく映るので勧められないということだろう。なお、「尾だけは折り取る」とあるが、取らずに尾まで食べ尽くすのも野趣あふれる食べ方だ。こんがり焼けた尾ビレは、パリンと口中ではじけ、香ばしくて実に心地いい味わいである。

この頭から尻尾まで丸かじりの食べ方は、ワインソムリエで知られ、料理にも造詣の深い田崎真也氏も推奨している。アユといえば日本酒だが、よく冷えた白ワインもお似合い。大のアユ好きで知られた獅子文六も、「鮎の塩焼に、酒は何が合うかと、考えて見たのだが、無論、日本酒に超したことはないが、冷やした白ブドー酒が、案外の調和を、教えてくれた」と書き記している。

皮の香ばしい焦げ味と身肉の清廉な風香、そして内臓の苦味と骨のエキス、さらに塩味とタデ酢の辛味が口中で混じり合った、この混沌の味わいを、時に酒でさっぱりと洗い流しながら、1尾、また1尾……と無心に食べ進める。ここにこそ、アユの塩焼の醍醐味があるといえよう。

もう1つ大事なことは、焼きたてに限ること。

「できたての熱つあつの料理には調理の甲乙を乗り越えた旨さ」があり、「どうか日本料理はできたての熱つあつをめしあがる習慣をつけてください。食べ加減のコツは、一にも二にも、このことに尽きるからであります」(『料理心得帳』)。

目にも口にも清涼なアユ寿司

辻嘉一は、アユはまず第一が塩焼であり、洗いや刺身の類は二の次ようである。生の料理は『旬を盛る・夏』に「鮎寿司」がでている。作り方を簡単に紹介する。

まず、活きアユの頭を切り落とし、腹部から切り開いて内臓を取り、腹をよく洗ってから中骨を切り取り、両面に塩をふりかけて、背を上にしてザルに並べ、それを平皿にのせて冷蔵庫へ。

約3時間後に、冷蔵庫からアユを取りだし、米酢に5分間浸けてから、はさみで背ビレ、腹ビレなどのヒレを切り取る。そして、水気をしぼった濡れ布巾をまな板に広げ、アユの背を下にして手前の布巾の端から約7㎝ほどの所へ据える。

このアユの開いた腹の中に、小さな棒状にしたすし飯を詰め込み、布巾で包んで締め、さらに1回転させてもう一度締めたところで、濡れ布巾を取り替え、両手のひらで軽く揉むようにして形を整える。これを食べやすい厚さ（1㎝強）に切りそろえ、はじかみ（葉ショウガの甘酢漬け）を添えて、ガラス器などに盛りつける。

アユのきめ細かですべらかな皮肌と純白の身肉、そして純白のすし飯が、目にも口にも爽やかだ。

取りだした内臓は、捨てずにウルカにして味わうのもオツ。

また同様に、切り落とした頭は捨てずに洗い、水気をふき取って素揚げにし、軽く塩をふるだけで、最高の酒肴になる。最初は弱火でじっくり揚げ、仕上げは高温でカラッと。骨が硬く感じる場合は2度揚げを。

このように、アユは頭から尻尾まで、また身も皮も内臓も、骨までも、全部食べてこそ、そのおいしさの全貌を知ったことになるわけである。

子持ちアユは煮浸しで

昭和51年発行『味覚三昧』の「鮎」には、アユが〝年魚〟と呼ばれる理由が記してある。「『和名抄』に、春生じ、夏長じ、秋衰え、冬死す、故に年魚と名づく――とあります」

春・夏・秋・冬という、わずか1年で生涯を終えるアユは、その季節の移り変わるごとに魚体も味も変化し、食べ方も異なってくる。春～秋のアユ料理はわかるが、冬のアユ料理とは？　琵琶湖では昔、冬季に「氷魚《ひうお》」という2～3㎝の仔アユを食べる習慣があった。

氷魚は遡上前の仔アユで、いわばアユの〝シラス〟といえる。「それを塩茹でにしてザルに並べ、昔は京の錦（市場）の店《たな》でたくさん売って」いた。これを買って、「生姜酢でおろし大根と一緒に混ぜていただくおいしさは格別で、お正月前後が氷魚の旬《しゅん》でありました」。

しかし、琵琶湖のアユは「今は諸国へ放流されるようになり、ヒウオの乱獲がゆるされず、昔のように賞味できなくなった」と残念がり、「不思議に雪の夕飯の時、氷魚の旨さを思いだします」と綴っている。

この琵琶湖産のコアユを使ったアユの養殖は、明治42年に東大農学部の石川千代松博士によって開発され、それ以降、全国の河川に放流されるようになった。

さて、晩秋の子持ちアユは煮浸しで味わいたい。その食べ方を『辻留・料理心得帳』から抜粋する。

「仔持ちアユを串にさして白焼《しらやき》とし、分厚な鍋にタデの葉を敷きつめるか、土生姜の薄切りを一面にふり敷き、白焼のアユを並べ、清酒に味醂醤油でやや濃味に加減して、ヒタヒタに注ぎ、落し蓋で押えて、中火でコトコト煮込みます。煮汁がほぼ三分の一量に煮つまったら火からおろして、鍋のまま一夜を越させます」

その味わいは――。

「歯ざわりにむっちりと快さを与えてくれる仔持ちアユの煮浸しは、しっとりと秋の深まりを教えてくれる風味と申せましょう」

そして、芭蕉の高弟・服部嵐雪の句を添えている。

《水音も鮎さびけりな山里は》

アユは1年という日本の四季の中で、生から死へと姿も味も移り変わる。その生々流転のはかない生涯と味わいの変化の激しさに、辻嘉一は己の人生を重ね合わせて、「無常観すら覚えます」とアユのはかない命と食味に対する切ない心情を吐露している。

アユには頭・身肉・皮・ヒレ・骨・内臓以外に、この「無常観」という比類なき隠し味が潜んでいることを、この料理人は悟っていたようである。

※複数の著書から引用しているため、用字用語の統一は各著書の表記を尊重しました（たとえば、「アユ」「鮎」など）。

※主要参考資料
・『食の味、人生の味　辻嘉一・小野正吉』（辻嘉一　小野正吉、プロデューサー・平田嵯樹子／柴田書店）
・『懐石傳書　焼物』（辻嘉一／婦人画報社）
・『懐石傳書　煮たもの』（辻嘉一／婦人画報社）
・『辻留・料理心得帳』（辻嘉一／婦人画報社）
・『辻留・料理嘉言帳』（辻嘉一／婦人画報社）
・『味覚三昧』（辻嘉一／中央公論社）
・『五呎六呎』（辻嘉一／中央公論社）
・『滋味風味』（辻嘉一／中央公論社）
・『包丁余話』（辻嘉一／中公文庫）
・『料理歳時記　旬を盛る・夏』（辻嘉一／新潮社）

◎辻　嘉一（1907〜1988）

京都の仕出し専門店「辻留」長男として生まれる。小学時代は野球少年だった。14歳のとき母を失い、それを機に商業高校を中退し、初代（辻留次郎）のもとで料理修行の道へ。裏千家出入りの料理人として代々の宗匠、茶人などに教えを請い、また各界の一流の人々、著名な食通たちと交わるなどで料理と人生に磨きをかける。昭和29年、47歳のとき東京進出（大丸地下に出店）、42年、赤坂虎屋ビル地階に出店。『懐石料理』、『料理のお手本』、『料理コツのこつ』、『懐石傳書（全7巻）』、『盛付秘伝』など数多くの著書がある。

小泉武夫

ウルカの肴としての底力はすごい！
わずかに甘く、かなり苦く、幾分渋く、
ちょっぴりしょっぱく、
そしてとてもうま味がある

食いしん坊が発酵仮面になるまで

発酵の神様・小泉武夫博士は、生まれたときから食いしん坊だった。

太平洋戦争真っ盛りの昭和18年に夏井川（福島県）近くの江戸時代から続く造り酒屋に生まれる。博士がその半生を時代とともにつづった『食でたどるニッポンの記憶』（東京堂出版発行）によれば、赤ん坊のころは、おしゃぶりの代わりに干しイモをしゃぶってい ればご機嫌だったそうである。歯がしっかりしてくると、今度は北海道から小名浜港に運ばれてくる身欠きニシンをしゃぶり、その次はやはり北海道から入ってくる棒ダラ（タラの干物）、塩ホッケ、さらにクジラ肉に食いつく。いずれも、子どものくせにシブい食べ物であるところが微笑ましい。

小学校も年長になると野ウサギを罠で捕まえてウサギ汁、スズメも大量捕獲して焼き鳥、さらにはカラス、赤ガエル……。挙句、自宅の酒蔵から酒粕をくすねて朝飯代わりに食べながら登校。酒臭いのがバレて先生に大目玉を食らったことも。

中学生になると、付いたあだ名が「歩く食糧事務所」。「いつもカバンに食べものが入っているから、食糧事務所みたい」だったというわけだ。

高校生になると、家族から「口門様《こうもん》」とあだ名されていた。「あまりにもよく食べるので、食べ物を入れるところと、出すところがくっついているのではないかというので、口門様というわけだ」

大学に入ると、噛むだけではなく飲むほうにも足が向き、学友から「走る酒壺《さかつぼ》」と呼ばれた。毎晩のようにあっちの酒場、こっちの酒場と飲みまわり、「酒壺があちこち走っているみたいだというのである」。過剰な飲み食いで丸い壺のような体型だったからでもあったろう。

こんな珍事件も起こした。

醸造学の実習で日本酒づくりに励むが、「自分で造った酒を下宿に持ち帰れば、タダ酒が飲めるではないか」と思い立ち、「旺盛に発酵しているもろみを四合瓶に詰め、コルク栓をぎゅっと閉めてカバンに詰め」、バスに乗ったのである。すると、ドンと音がして「カバンから真っ白いもろみがどくどくと溢れ出て」バスの中は大騒ぎ。車内で揺られたために、酒ビンの中でもろみの発酵が進んでその圧力で栓が飛び、中身があふれ出たわけだ。

運転手が血相を変えて飛んできたが、「ああ、農大の学生さんか。そりゃあ、しようがないね」で、一件落着。のどかな時代だったのだ。今の時代だったら、警察に通報されたかもしれない。「そもそも、学校からもろみを持ち出すことは校則で禁じられていた。もっと正確に言えば酒税法違反でもあったから、退学は必至で、私の人生はまったく違ったものになっていただろう」と深く反省。

こんなバンカラ学生で、「たいして勉強をした記憶もないのに、なぜか首席で卒業し、学長賞までもらった」というから、単なる食いしん坊や呑兵衛とはデキが違っていたのだ。

卒業後は家業を継がず、大学の研究室に残り、発酵を中心に醸造などミクロの世界の自然作用の解明に努め、その効用を説き、また日本ばかりか世界をまたにかけて発酵食文化の調査・研究・探索にまい進。

なおその間に、あだ名は進化し続け、「鋼《はがね》の胃袋」、「冒険する舌」、ロシアでカニを貪り食って「ムサボリビッチ・カニスキー」、さらに「味覚人飛行物体」、「発酵仮面」……。

発酵・塩辛、そしてウルカ

そもそも、発酵とは何か。

「目にも見ることのできない微細な生きものである微生物の生命現象を利用して酒類や味噌、醤油、麹、酢、納豆、漬物、チーズ、ヨーグルト、熟鮨《なれずし》、クサヤ、鰹節、塩辛、魚醤などの伝統的食べものをつくることである。また、このような微生物の力を応用してさまざまな医薬品や化学製品（抗生物質、抗ガン剤、ビタミン類、アルコール類、アミノ酸類、酵素類、有機酸類など）をつくること、さらには環境浄化（生ゴミの堆肥化《コンポスト》や汚水の浄化など）や無公害エネルギー（メタンや水素の発酵生産、バイオマスなど）、染料製造なども発酵の分野に入っている」（『最終結論「発酵食品」の奇跡』の「前口上」より）

このように、発酵とひと口にいっても、その分野は食べ物に限らず薬やエネルギーなど多岐にわたっている。その数多い発酵製品の中の1つに塩辛がある。

塩辛とは、前出の『「発酵食品」の奇跡』によれば、「魚介類や野鳥を塩の存在下で発酵させた」保存食で、学術的に解説すると「魚介類や野鳥の内臓、筋肉、などに高濃度（一般的には一〇パーセント以上）の食塩を加え、腐敗を防ぎながら、その間に自己消化酵素と発酵菌の作用によって、原料のタンパク質を分解、消化してうま味を熟成させたもの」ということができる。塩辛にもいろいろあり、イカやタコの塩辛、酒盗（カツオの腸）、コノワタ（ナマコの腸）、カラスミ（ボラの卵巣）などが知られている。いずれも、「酒の肴にしても、飯のおかずにしても魅了される嗜好食品」だ。

この塩辛の中の1つに、「ウルカ」がある。ウルカとは、アユの臓器や卵巣を使った塩辛のこと。

「アユの獲れる地方では、大概はこれ（ウルカ）をつくって酒の肴に珍重したり土産にしたりしている。私もこの珍味を肴に一杯飲るのが大好き」で、調査研究と称して、久慈川（茨城県大子町）、玉島川（佐賀県唐津市）、長良川（岐阜県郡上市）、三隈川《みくまがわ》（大分県日田市）、四万十川（高知県四万十市）」などアユの名産地を訪ね、川ごとに微妙に異なる風味と個性を、地酒とともに体験してきた。こうした現場主義で得た知見から、ウルカには「用いる部分によってさまざまな種類があること」を知るに至った。

発酵博士のウルカ食味論

令和3年発行の『肝を喰う』の中で、博士はアユの塩辛「ウルカ」の種類別特性について紹介している。

「内臓のみでつくるのを『苦うるか』または『渋うるか』、『泥うるか』といい、内臓に漬した肉身を入れて塩辛にしたのが『身うるか』、内臓に細切りにした身を混ぜてつくるのが『切りウルカ』、卵巣のみを塩辛にしたのが『子うるか』または『真子《まこ》うるか』、精巣(白子)のみを塩辛にしたのが『白うるか』または『白子うるか』という」

このように5種類のウルカがある。平成7年発行『語部《かたりべ》醸児《じょうじ》の粗談義《あらだんぎ》』によれば、いずれも「基本的には鮎の腹腸や内臓に二五パーセントほどの塩を加えて熟れさせ」てつくるとある。

たとえば、内臓と肉身の「身ウルカ」の作り方はこうである。

「鰭《ひれ》や鱗《うろこ》を取り、頭と尾鰭《おびれ》も切り取り、身と内臓だけを残す。それを骨ごと細かく切り、包丁で叩いてミンチ状にする。塩を加えてからさらにすり潰す。一日に四回ほどかき混ぜながら一週間ほど発酵させて出来上がり」

次に「苦ウルカ（泥ウルカ）」だが、これは本格的な製法が述べてある。

「腹わた一・五キロに塩を四五〇グラム加え、桶に漬けて蓋をし、毎日かき混ぜて一〇〜四〇日の間に食べることができる。特有の苦味は胆嚢《たんのう》による」とあり、長良川や熊野川（和歌山）、球磨川などでは名物土産として販売されており、「ひと壺（多くは陶器の壺のようなものに入っている）買ってきて、純米酒の熱燗あたりの肴にすると、たまったものではない。このうるかだけで五合の酒は軽くいける、といった強者《つわもの》もいるのだから、この肴の底力はすごい」と驚嘆。

苦ウルカは、家庭でつくるのはちょっと敷居が高いという向きには、次のような「苦うるかもどき」を試してみてはどうだろうかと博士は提案する。

これには、新鮮な天然アユを使う。身肉は背越しや洗いにし、そのときにでる内臓を捨てずに利用する食べ方で、「本場の生でつくるものではないから発酵もせず、塩辛ではないのだけれど、子供でも誰でも食べられるし、せっかくの内臓を食べないぞう、なんて言わないでいただくべきである」というもの。

「つくり方は、アユの内臓（二〜三尾分）を小鍋に取り、そこに味噌（小サジ一）、砂糖（大サジ一）、溶いた鶏卵（全卵一個）を加え、弱火で箸でグルグルと混ぜ続ける。全体がボロボロとそぼろ状になり、火が通ったら出来上りである」（前出の『肝を喰う』）

発酵料理ではなく、風味も全く違うが、アユの内臓を手軽においしく味わうためのオリジナル料理。ご飯にも、酒にも合う。

そして博士は、「うるかをずいぶんと酒の肴にして楽しんできた我が輩のうるか食味論」を展開する。

「うるかには、特有の芳香と舌を巻き込むようなコク味、そして味わい深い複雑な妙味がある。それらの風味をよく観察すると、そこにはまさに調和のとれた『五味』があると思うのである」と。その五味とは、「わずかに甘く、かなり苦く、幾分渋く、ちょっぴりしょっぱく、そしてとてもうま味がある。甘《カン》・苦《ク》・渋《ジュウ》・鹹《カン》・旨《シ》。すなわちこれ五つ味である」。

いつもは自由気まま、ユーモアたっぷりに健筆を揮《ふる》う発酵の神様だが、ここに至って超真面目にウルカの味をほめ讃えておられるではないか。酒肴として、よほどお気に入りのようである。

「天然アユの茶漬け」

アユの真子と白子のウルカについては、前出の『語部醸児の粗談義』に「子ウルカ」と「卵巣の粕漬け」、「卵巣の茶漬け」と3種類の食べ方が紹介されている。まず子ウルカから。

「真子と白子を混ぜ合わせ、そこに約三割の塩と一割の麹を加え、容器に入れて蓋をして一日一回撹拌し、一か月後の熟れた処を酒肴や飯の菜にするものです。奥深い味わいとなり、温かい飯のおかずにも実によく合います」

粕漬けは、「卵巣を崩さずに上手に取り出し、砂糖醤油で鹹《から》めに炒りつけてから、酒の粕に漬ける」もので、これも「一か月ほど十分に漬け上がったところを酒の肴にいたします」。すると、「まことに風味のある珍味となります」。

茶漬けは、「卵巣を上手に取り出したならば、濃く塩をしてから網の上で焼き、それを丼飯の上に乗せて、熱い番茶」をかけると出来上がり。この卵巣茶漬けは、「特有の渋味とうま味、そして独特の香りが鼻をくすぐるばかりか舌も大いに躍らせてくれます」。

家庭で日常に使っている番茶の素朴な渋味がアユ独特の風味を引き立てる。

茶漬けといえば、「アユ茶漬け」もある。

博士は日本経済新聞に「食《く》あれば楽あり」という食のエッセイを長年連載し、第1集『食に知恵あり』～第3集『小泉武夫の食に幸あり』などのタイトルで順次単行本化されているが、その第5集『小泉武夫の美味いもの歳時記』の夏の章で「天然アユの茶漬け」を公開している。

その夏、知人から釣りたてのアユが届いたので、博士は昔大分県の川の近くの店で食べて絶品だった茶漬けに挑戦する。レシピは店主に聞いてメモしていたのである。

まず、天然アユの「頭と尾とを取り、その頭と尾は捨てずに出汁《だし》昆布とともに煮てスープをつくっておく」。次に、「炊いたご飯に刻んだ山椒の葉をまぜて握り、おむすびをつくる」。「それをこんがりと焼」く。焼き加減は、「全体がキツネ色になるぐらいまで焙《あぶ》る」感じ。そして「その焼きむすびをお椀に入れ」る。

頭と尾を取ったアユは、「塩をきつめにふって、こちらもキツネ色からやや焦げ目が付くほど」焼き、中骨を抜く。これを、おむすびの上に「熱いままのせ、その上から熱いスープをぶっかけて出来上がり」。

その味はどうか。

「椀を持ち上げ、箸を入れてザクッと掻き混ぜ、焼き鮎と焼きむすびを崩してから汁をひと飲みした。すると飯と鮎が焼かれてできた香ばしい匂いが鼻に伝わってきて、そこに微かな鮎の芳香と、山椒のさわやかな匂いもやってきた」

食いしん坊から美食家へ、小泉博士の食レポもすっかり板についている。とくに、焼きおむすびとアユの「香ばしい匂い」の後、「鮎の微かな芳香」、そして「山椒のさわやかな匂い」が時間差で追っかけてくる表現が秀逸だ。

しかしまだ、スープを味わっただけ。ここからが佳境である。

「次に、ほぐれた鮎の身と焼きむすびを、箸ですくい取るようにして汁とともに口の中に啜った。すると、アユの身から上品なうまみと脂肪身からのコクが口中に広がってきて、そこに飯からの甘みも加わって、これまで味わったことのない茶漬けの素晴らしさがそこから湧き出してきた」

感動の味だ。

臭いが旨い「アユの熟酢」

日本伝統の発酵魚介料理といえば、「熟鮓《なれずし》」だろう。熟鮓は、博士の著作『くさいはうまい』によれば、「酢を一切使わない自然発酵で酸味を醸した昔ながらの保存食」で、その代表は近江（滋賀県）の琵琶湖周辺に伝わる鮒鮓である。フナだけではなく、サバやアユなどの熟鮓も各地に伝わっている。そこで、同書に記述してある「アユの熟鮓」のつくり方を要約して紹介。

アユは腹をさいて臓物を取り除き、塩漬けにして1日置く。翌日、塩水でよく洗い、エラと骨を取り、それを酢に漬ける。別によく冷ました酢飯を棒状に握って、酢に漬けたアユの腹に詰める。これを漬け桶に並べ、2段、3段と重ねていき、上からふたをして重石で圧をかける。だいたい3カ月間発酵させる。

熟鮓は、キョーレツなニオイを発するが、慣れると至高の酒肴となり、またご飯の友となる。

簡単につくれる「早鮓タイプ」もある。「これは塩じめ後に酢洗いした鮎を酢飯とともに十日間ほど漬け込む」だけで出来上がり。

「熟鮓は魚の長期保存のみならず、発酵中の微生物がさまざまなビタミン群を多量に生成しますから、ビタミンの含有量が豊富であり、昔の人たちにとってはビタミン補給という点でも優れた食品」だった。

またビタミンだけではなく、「熟鮓に含まれている良質の乳酸菌や酪酸菌は生きた活性菌であるため、これを食べると整腸作用に効果があり、腐敗菌の繁殖を阻止する細菌群が腸内にすみついて、腸を整えるのであります」。

ウルカと熟鮓を肴に一杯やって、アユ茶漬けで締めるのもオツだ。

※主要参考資料
・『発酵』（小泉武夫／中公新書）
・『食でたどるニッポンの記憶』（小泉武夫／東京堂出版）
・『最終結論「発酵食品」の奇跡』（小泉武夫／文藝春秋）
・『酒肴奇譚　語部醸児之酒肴譚』（小泉武夫／中央公論社）
・『語部醸児の粗談義』（小泉武夫／中央公論社）
・『肝を喰う』（小泉武夫／東京堂出版）
・『小泉武夫の美味いもの歳時記』（小泉武夫／日経ビジネス人文庫）
・『くさいはうまい』（小泉武夫／角川文庫）

◎小泉武夫（1943〜）

福島県田村郡小野新町（現小野町）に江戸時代から続く造り酒屋に生まれる。昭和41年東京農業大学農学部醸造学科卒業。同大学教授を経て、名誉教授に。農学博士。専門は発酵学、醸造学、食文化論。鹿児島大学、琉球大学、広島大学などでも教鞭を執る。NPO法人発酵文化推進機構理事長として、発酵文化の推進と発酵技術の幅広い普及を図っている。国や地方自治体などの行政機関で食に関わるアドバイザーを多数兼任し、講演や執筆でも活躍中。著書は『発酵　ミクロの巨人たちの神秘』『発酵食品礼賛』『臭い食べ物大全』など150冊以上を数える。

番外編1 （別冊つり人『鮎釣り2023』より）

「星岡茶寮」北大路魯山人の挑戦

一路160里！ 京都・和知川～東京「釣りアユ輸送」大作戦

昭和11年の夏。
北大路魯山人は自らが天下一の美味アユと認めた京都「和知川の活きアユ」を
東京の美食家たちに味わわせてやろうと、
とんでもない作戦を思いつく。
和知川の川漁師に釣らせたアユを、
はるか160里先の東京へ生きたまま運び、
自らが主宰する美食の殿堂「星岡茶寮」で
供するというものであった。
その大それた試みは、
いかにして成しとげられたのか――。

魯山人の挑戦を追って京丹波・和知を訪れた著者（右）

▲現在の和知駅。山陰本線の駅である

◀駅前に建てられた和知駅開業70周年の記念碑にはアユのモニュメントがありアユとの深いつながりを想起させる

最高の食材でもてなす

北大路魯山人が、東京の赤坂山王の森に、会員制高級料亭「星岡《ほしがおか》茶寮《さりょう》」を開いたのは大正14年（1925）の春3月20日のことである。ときに魯山人41歳。

魯山人は京都に生まれ、若くして書や篆《てん》刻《こく》で頭角を現わし、大正8年に東京・京橋に書画骨董を扱う「大雅堂藝術店」を開業。店は繁盛し、やがてここに集う海千山千の数寄者たちを相手に、売り物の古陶磁の名品に盛り付けた自慢の料理を振る舞うようになった。その料理はたちまち評判を呼び、書画骨董よりも魯山人の料理目当てという客が増え、会員制の「美食倶楽部」が発足。

魯山人の料理は独創的で天才的。料理の修行経験はほぼないにもかかわらず、その味は舌の肥えた数寄者たちを魅了した。

琵琶湖のヒガイやモロコ、北陸のマダラとその白子、またフカヒレ、スッポンなど当時の東京ではなかなか味わえない美味珍味をそろえた。そして、へんに技巧を凝らすのではなく、素材の味を極力生かした料理をつくり、古九谷や古備前、はたまた瑠璃南京《るりなんきん》などという名器・名皿・名碗に盛ってもてなした。その評判は高まり、当初は骨董客相手の小規模の美食会だったのが、会員数２００人を超えるに至った。

ところが、大正12年の関東大震災ですべてが灰燼《かいじん》に帰す。が、会員たちは魯山人の味が忘れられず、美食会の再興を強く望み、紆余曲折の末に美食の殿堂「星岡茶寮」の開寮に至ったのである。

当初、普通会員は年会費10円（現在の5万円強）で、ほかに乙会員２００円、甲会員５００円」という特別会員も募った。

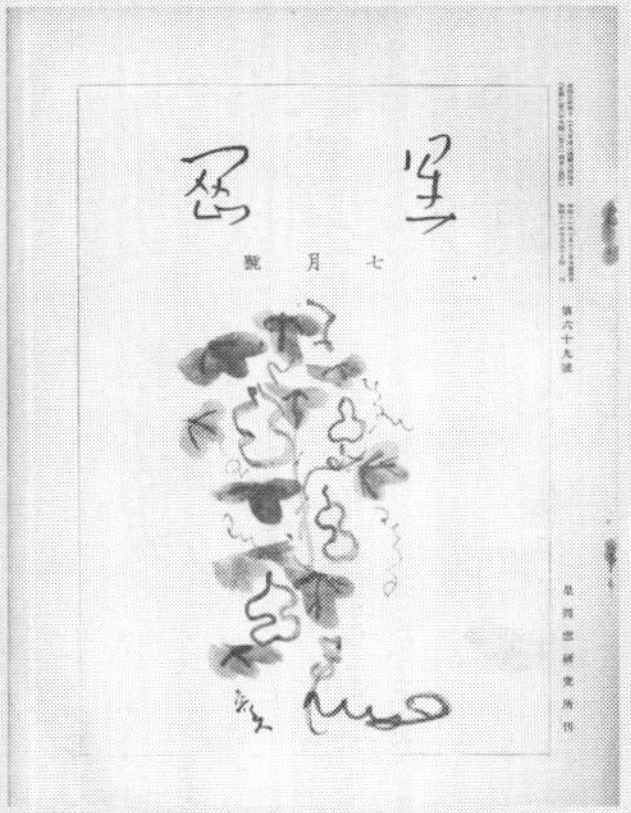

右／参考資料となった機関誌『星岡』69号
左／『星岡』の写真便り。上の写真のようすを紹介したキャプションには、「丹波和知川から一昨日取れた香魚、茶寮門内にできたアユのイケスに活かされ、すぐに料理して供す」とある

すると、各界の名士や文化人、美食家たちがこぞって入会。

　昭和5年に機関誌『星岡』が創刊され、新入会員の名前が誌上に発表されるようになると、「新入の普通会員たちは自分の名が名士や素封家と並んで載ることで、特権意識を大いにくすぐられ」、「最盛期（昭和十年ごろ）には、会員総数二千数百名に達し、『星岡の会員に非《あら》ざれば日本の名士に非ず』」といわれるまでになった」（山田和著『知られざる魯山人』より）。

魯山人が所蔵していた鎌倉彫の盆。魯山人は審美眼の鋭い人だ。こうした作品のほか、自らが指導した焼き物を使って料理を供した

　魯山人は料理の勉強や修業の経験はほとんどない。それなのに、彼の手になる料理はなぜこれほどまでに美食家たちをとりこにしたのか。

　それは、彼の天賦の才能とともに、「最高の食材の鮮度と持ち味を活かす調理法にこだわったところにあった」（前出の山田和『知られざる魯山人』）。

　最高の食材とはいかなるものか。具体例として、『星岡』59号に掲載された「料理の日本」で魯山人はこう語っている。

「ここに一本の大根があったとする。もしその大根が今畑から抜いてきたという新鮮なものであるならば、これを下ろしにして食おうと、煮て食おうとうまいに違いない。だがもしこの大根が古いものであったならば、それは如何なる名料理人が心を砕いて料理するとしても、大根の美味を完全な持味に味わわせることは出来ない。天のなせる大根の美味は、新鮮な大根以外にこれを求めることは出来ないからである」。さらに次のようにいう。「同じ大根でもその種類により、また、その生い立った土地の状態、すなわち風土の如何によって、美味なるもあり、美味ならざるものもある」。

つまり最高の食材とは、まず新鮮であることを第一とする。それだけでは足りず、その種類、産地（風土）、時季を選ばねばならないということである。そうすれば、大根といえども素晴らしい料理になるということだろう。魯山人のこの料理哲学は、もちろんアユにおいても実践された。

そうだ京都へ行こう、和知川アユ探訪記

星岡茶寮では、夏の盛りは食材が痛みやすいという理由で7月20日～9月初旬までは営業を閉じていた。が、客からの熱烈な要望もあって昭和7年から夏期限定の《納涼園》の開催に踏み切った。涼風の吹き抜ける茶寮の広大な庭園を開放して、夏の夕べを美味と美酒で堪能してもらおうという風雅な趣向である。

そこでの呼び物料理が、由良川上流の京

都和知川で産する「活き鮎」であった。和知川の川漁師が釣ったアユを生かしたまま、東京からはるか160里（640㎞）離れた茶寮へ運び込み、生きたまま調理して洗

いや塩焼で供したのである。まだ交通網もままならず、冷水輸送設備もない時代、京都の西のはずれの山深い谷川のアユが、いかにして生きたまま東京へたどり着くこと

大野にあった寄せ場のイケス。ここに漁師が取ったアユが持ち込まれた

輸送自動車にアユが積み込まれるようす。ここから東京までの輸送が始まる

がでたのか――。その過酷な道中を取材した記事が、機関誌『星岡』69号（昭和11年7月30日発行）の「食道楽随伴記② 丹波和知川の鮎」として掲載されている。

取材執筆者は、当時の『星岡』の編集員で、早稲田大学仏文科卒の林柾木《はやしまさき》氏。林氏は後に作家となり、『昔の人』という短編小説が昭和19年上半期芥川賞候補に挙がっている。その林氏の記事を中心に、和知川アユが茶寮に運び込まれるまでの足取りを追ってみよう。

昭和11年6月11日の夜、編集室でひと仕事終えた林氏が帰り支度を始めていると、魯山人から突然の電話。その内容は、「養成（養殖）放流でない天然産の鮎をしかも活かしたまま敏速に輸送して、京都で食うのも東京で食うのもほとんど変わらないように食膳にのぼらせるということは、これは実際大した事柄で、特筆大書に値するわけだが、果たしてどういう手段を実際に講じているか、和知川まで行ってみようと思うが、君も同行してみないかね……」

魯山人の突然の思い付きに面食らうも、林氏は翌日の特急「燕《つばめ》」で東京を発つ。

現在の大野の寄せ場。沢の水がチョロチョロ流れているだけで見る影もない

右／美山川漁協の小中昭組合長が魯山人の足取り追跡のサポートをしてくれた
左／小冊子『北大路魯山人が来た！　—鮎紀行文を読み解く—魯山人と丹波　大野の鮎』を執筆した地元の名士、東慧さんにもお世話になった

そしてまず京都で準備万端整えて、6月14日の朝、京都駅8時16分発の山陰本線に乗って和知駅へ向かう。メンバーは、東京から魯山人と林氏、茶寮の加谷一二氏、カメラマン氏。京都からは案内役として、和知川の釣りアユを東京に輸送する作業全般を引き受けている大津「魚梅《うおうめ》」主人の米澤重蔵氏と、仲買商の京都「カネ井」主人正木為一氏が合流。

汽車は保津川沿いの渓谷を息せき登る。途中、その岩壁には岩ツツジの深紅の花が咲き、渓流にサオ差す釣り人の姿も眺められた。

およそ1時間半後に和知駅着。

当時、アユの寄せ場（集積場）は、和知川流域の市場・長瀬・小淵・大野の4カ所に設けられていて、一行はその最上流部の大野の寄せ場へ向かう。その道路は「和知の渓川を数十丈の脚下に眺めながら、紆余曲折しつつ、丹波杉に覆われた山腹を行くのであって、その景勝の幽邃《ゆうすい》なるは保津川の比ではない」と、その森閑として奥深い景勝に感嘆している。

「名鮎を産する和知川の渓川」というキャプションがついた当時の和知川（由良川）のようす。見事な瀬が連続している

大野の集落に入って、自動車は「活鮎、精肉」と書かれた茶店風の家の前に停まった。「これがこの辺りでの漁場の元締、ヤマ石さんこと戸田石之助さんの店」であり、出迎えてくれた魚梅の若い衆によれば、「ヤマ石の扱うアユは、和知鮎の中でも特にいい鮎ばかり」だという。

なお、魯山人一行の足跡をたどるにあたり、美山川の小中昭現組合長のお世話になったが、組合長に紹介いただいた地元の名士・東《あずま》慧《あきら》氏（小冊子『魯山人と丹波 大野の鮎』の著作あり）の調査によれば、戸田石之助とあるのは、林氏の聞き間違いで、戸本石之助が正しいとのことである。

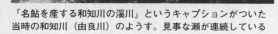

友釣り名手の妙技と
アユの洗いの妙味

一行は、ヤマ石から「五六丁先の大野の寄せ場の生洲へ行く。（中略）山麓の木蔭にコンクリート造り、山清水の筧樋を引いて」あった。

ヤマ石さんの店から五六丁（5、600m）離れた山麓の木陰から樋が数本突き出ており、そこから清冽な山水が生洲（生《いけ》簀《す》）に滝のように流れ落ちている。その生簀では、釣れたばかりの溌溂たるアユが泳いでおり、これをトラックに積み込んで、まず京都駅まで運ぶのである。

その後一行は、漁場を見ようと「羊腸折り」の崖路を川淵まで下る。羊腸折りは、つづら折りと同様の意味で、羊の腸のように曲がりくねって急峻な道のこと。その崖路から河原へ下りたところに和知川の本流がきらめき流れていた。水勢は強いが激流というほどではなく、「水は深山を映して、誠に俗塵を忘れた仙境である」と林氏はその深山幽谷たる風景に感嘆する。

そこでは、1人の釣り人が、アユの長ザオを水面に差していた。「この辺りでの鮎釣り名人と言われる藤井勇太郎老人」で、「日にやけた頭に鉢巻をして竿を垂れていた」。掲載されている写真を見ると、きりりと背すじを伸ばして川に立ち、サオ尻を軽く腰に固定し、そこを支点にして左手1本で握られた竹ザオは、水面とほぼ平行に沖に向かって90度の角度で張り出している。前方に鋭く放たれている視線は、水底で泳ぐオトリアユの細やかな動きを鋭敏に感じているようである。

右手はだらりと下がり、一見だらしない格好に見えるが、はるか日本海の由良川河口からこの地まで遡《のぼ》り着いた、肩が盛り上がり、ヒレの発達した天然アユと連日格闘する職漁師にとって、このリラックスした釣り姿は疲れの少ない自然体の構えといえるだろう。剣道でも柔道でも、強者は常に泰然として自然体である。

また鉢巻は、頭の後方ではなく前方に結び目を作る〝向こう鉢巻〟に固く結わえられ、カネ井の正木氏によれば、「この鉢巻（の巻き方）は丹波特有だ」そうである。結び目の先っぽがピンと立っているところが、粋でいなせでカッコいい。丹波のアユ

漁場の元締、ヤマ石の外観

ヤマ石の２階で釣りたてのアユを試食する魯山人一行

現在のヤマ石のようす。建物は当時の面影がある

漁師の心意気だろう。
「昔は釣糸を垂れてさえいれば、端の方でも釣れたものでさ、今日びは、1日かかって十匹、よくて十五匹釣るのは骨でさあ」

頭の後方ではなく前方に結び目を作る“向こう鉢巻”をして、背すじを伸ばして川に立つのは「この辺りでの鮎釣り名人と言われる藤井勇太郎老人」

と老名人は近年の不漁に首を傾げる。そして林氏が、昔はそんな大量に釣れたアユをどうしていたのかと聞くと、「みんな京都まで桶に入れて担ぎ出したものです」との

釣り人は藤井老人、そのようすを観察する経木帽子が魯山人。立っているのが『星岡』に紀行文を書いた林征木氏

こと。林氏はこれを、「桶をゆすりゆすりして、鮎の死ぬのを防ぎながら、京都の町を売り歩いたというのが、すなわちこの老人の話なのだ」と解説する。つまり、昔の金魚売りがたらいを天秤に担いでいたように、大きな桶にアユを泳がせ、これを天秤に担いで行商していたということだろう。

「丹波大野を行く一行」という当時の写真にある道は綾部宮島線。ヤマ石のすぐ近く

著者が写真の撮られた位置を確認すると家並みがまだ残っている

　こうして川岸で藤井勇太郎名人の釣りを1時間ほど見学。「その間に藤井老人は二匹鮎を釣って見せてくれた」という。魯山人はアユを料理し、頭から尻尾まで食べ尽くさねば気がすまないほどのアユ好きだが、友釣りで釣れるアユを目の前で見たのは、このときが初めてではなかったろうか。

　それから一行は、先のヤマ石さんの店に戻り、2階の座敷で和知の香魚に舌つづみを打つ。

「塩焼きにして先ず一匹、味噌汁にして、さらに一匹、それから、洗いにして、これは何匹食べたか『鮎だけでも東京であったら五十円は食ったね』と魯山人氏が述懐した」続けて林氏の感想。「鮎の洗いは、食えば食う程、うまくなる。だんだん、あまみを覚えたりして来るところ、まさに香魚の尊さであろう」。

さすがに、魯山人に食の薫陶を受け、後に作家として立つ人物の舌と文章は急所をはずさない。食べ進むほどに、淡にして艶を増してくるところに、アユの洗いの味わいの真髄がある。

トラックと列車でリレー輸送

さて、大野の寄せ場の生簀に集められた釣りアユは、どのようにして東京へ運ばれたのか。

「夜中の十二時、魚梅さんの輸送用のトラックが、これら（4カ所の寄せ場）の生洲を一回りして、鮎を積み込んで、そのまま京都へ」向かう。

白崎秀雄著『北大路魯山人』によれば、「鮎を四斗樽大の水槽数個」に入れ、「一度に千尾前後ずつ」送らせていたとある。夜明け前に出発し、「（京都駅に）到着までに要するのは、六、七時間。上乗りの人夫三、四人は、砂利の坂道にゆれる車上に立ちながら、絶え間なしに柄杓《ひしゃく》を然《もっ》て別の水槽に用意した清水を汲んではかざし、滝のように鮎の入った水槽に」落とし続ける。なんという重労働か。

やっと京都駅へ到着。アユも人夫ともども半日ほど休息。そして、1000匹のアユを選別して郵便列車に積み換えるや、夜の7時50分に京都駅から一路東京へ。

東京の星岡茶寮に運ばれる前に星岡の京都出張所でアユの選別をする。
ここでも魯山人が鋭い目を光らせて活きのよいアユを選り分けている

この間、列車内ではトラック輸送と同様に、用意した清水で「柄杓の滝」をかけ続け、水温調節のために氷を補給し続けなければならない。この柄杓によって水を滝のように落とし続ける作業を怠れば、アユはたちまち酸欠状態になり、生きて東京へたどり着くことはできない。また、清水の補給は途中の名古屋駅と沼津駅で行なわれた。

京都駅を出発して「東京到着まで約11時間余」（先の白崎本より）かかったというから、早朝7時過ぎに東京着。「ようやく東京駅へ着いた鮎の水槽は、用意のトラックに積み換えられて茶寮に着き、敷地内の生簀に放たれる。人夫たちは一様に顔色蒼黒く、眼は落ちくぼんで、腕は腫れ上って丸太のよう。その場に倒れて、しばらくは立てない」（同）。

揺れる貨物列車の中で、徹夜で立ちっぱなしの「柄杓の滝」かけ作業の過酷さが知れる。

こうして和知川の寄せ場を出発して茶寮着まで、実に30数時間の「活きアユ1000尾輸送」大作戦が完了。その夜の「納涼園」の花形料理として供されるに至るわけである。

「こういう努力を払えばこそ、捕って二日目（著者注＝翌々日）には、東京で和知川の鮎が、京都や大阪と同じ様に食べられるのである。言わずもがなのことではあるが、この鮎を食う時にはこうした取扱人の血の出るような苦心を一寸思い出してやるのが、食道楽家のせめてもの冥利というべきではなかろうか」

旅を終えた魯山人の述懐を、林氏のペンはこのように、自らの思いも込めて感慨深く伝えている。

天下一の美味アユを、生きたまま東京へ運んで美食家たちを唸らせる――魯山人の野望にも似た食の美学は、こうして達成されたのである。

なお魯山人は、この約1カ月後に、星岡茶寮の実質的な経営者である社長の中村竹四郎から突如解雇通知を受ける。多量の陶磁器や骨董を買いあさり、業務上横領を問われて茶寮から石もて追われたのである。この〝事件〟を機に、和知川のアユ取材が掲載された機関誌『星岡』（69号／昭和11年7月30日発行）の次号は休刊となり、次の70号は1カ月後の同年9月30日発行となっている。また、その号より以降、表紙題

いよいよ京都から東京までの列車輸送。エアーポンプもなければ水温調整も簡単にできない時代、用意した清水で「柄杓の滝」をかけ続け、水温調節のために氷を補給し続けなければならない。さらに、途中、名古屋と沼津で清水の補給をする。こうして、京都駅を出発して「東京到着まで約11時間余」かけ、早朝7時過ぎに東京着。柄杓の滝をかけ続けてきた人夫たちは「一様に顔色蒼黒く、眼は落ちくぼんで、腕は腫れ上がって丸太のよう。その場に倒れて、しばらくは立てない」と資料にある

字の書体が変わり、目次から魯山人の名が消え、本文に描かれていた魯山人の筆による雅趣あふれるカット絵も目にすることはなくなった。林柾木氏の「食道楽随伴記」の連載も、今回のわずか2回目で終了となっている。おそらく、林氏も追放されたのであろう。

　その後、主のいなくなった美食の殿堂「星岡茶寮」は、戦雲急を告げる東京の空の下にあって、急激にその輝きを失ってゆく。

　また戦後になって和知川は、経済復興の掛け声とともにダム開発の波に飲み込まれ、藤井勇太郎名人が魯山人の目の前で友釣り

戦後になってダム建設が相次ぎ往時の山紫水明の和知川はダムの湖底に眠っている

の妙技を披露してみせた山紫水明の流れも、いまやダムの湖底に眠っている。そして和知川アユの名は忘れられ、ダム上流の美山川のアユがその命脈をつないでいる。
「昔の人は目先の補償金に目がくらんで、和知川のアユの価値がわからなかった。いま、由良川は4つのダムで分断されて、風前の灯火になってしまった」
今回の取材の案内をしていただいた美山漁協・小中昭組合長の嘆きが耳に痛い。
（※出典名のない引用箇所は、機関誌『星岡』69号から）

番外編2

（別冊つり人『鮎釣り2023』より）

魯山人が愛した！幻の「和知アユ」を体験

和知駅前の鮎茶屋「角屋」天然鮎のフルコース料理

「あゆのいいのは丹波の和知川がいちばんで、これは嵐山の保津川の上流、亀岡の分水嶺を北の方へ落ちて行く瀬の急激な流れで、姿もよく、身もしまり、香りもよい。今のところここ以上のを食ったことがない」

美食王・魯山人が随筆「鮎の名所」でこのようにベタ褒めし、東京の星岡茶寮へ運

家族で切り盛り。右から２人目が角屋４代目主人の野間之暢さん

鮎茶屋「角屋」

京都府船井郡京丹波町本庄　JR 和知駅前　☎0771・84・0009
秋はマツタケ、冬は牡丹鍋なども

んだ「和知川アユ」は、いまや幻になってしまった。しかし、その伝説のアユの味わいを今に伝えている老舗の料理屋がある。山陰本線和知駅前の鮎茶屋「角屋」である。

明治32年創業。4代目の現主人野間之暢（のま・ゆきのり）さんはいう。

山の中腹から引いた清水を流し込む2段式の生簀があり、買い入れた釣りアユを保管。丹波の水で清められて美味しくなるというのは厨房を任された5代目となる野間俊亮さん

「私の父親の代には、アユを樽に入れて和知駅から直接鉄道輸送していました。樽は3つあり、その1つが東京赤坂の星岡茶寮で、あとは京都の嵐山と東山でした」

なぜ、和知川のアユは特別なのか。

「和知川の水は、カルシウムやマンガンなどのミネラル成分を多く含む硬水で、周辺の山々は当時原生林でしたから、良質のコケが豊富に石に付着してたからでしょう。また、近くの上桂川（京都）や揖保川（兵庫）は南の太平洋、瀬戸内海に流れ込んでいるのに対し、和知川は冬の厳しい日本海、これも関係していると思います。昔は、上桂のアユと和知のアユはすぐに区別がついたものです」

続けてこう話す。
「現在扱っているアユは、美山川の天然釣りアユが中心ですが、他の川から調達することもあります。その時、九頭竜川など日本海側に流れ込む川のアユにこだわっています」

上／アユの洗いをつくる野間俊亮さん
下／和知川上流の美山川のアユは美味。京都屈指のアユ釣り場として人気がある。角屋ではここのアユを使うことが多い

茶屋の近くには、山の中腹から引いた清水を流し込む2段式の生簀があり、ここに買い入れた釣りアユを保管。「現在、アユを卸してくれる漁師さんは常時13人ぐらい。それに、一般の釣り人さんも持ってきてくれます」。

それらのアユは、特大の「トビ」を筆頭に、大→中→小などと6つの等級に選別して買い取り、生簀で1〜2日泳がせて腹の砂抜き後に調理される。

現在、調理場は之暢さんの息子さんで、5代目を継ぐ野間俊亮さんがあずかっている。モットーは、「釣りたてよりもおいしいアユを食べさせる！」だ。38歳と若いが、腕前は確かである。

天然アユの鮎釜飯フルコースは、以下の通り。

先付けに出されたウルカ

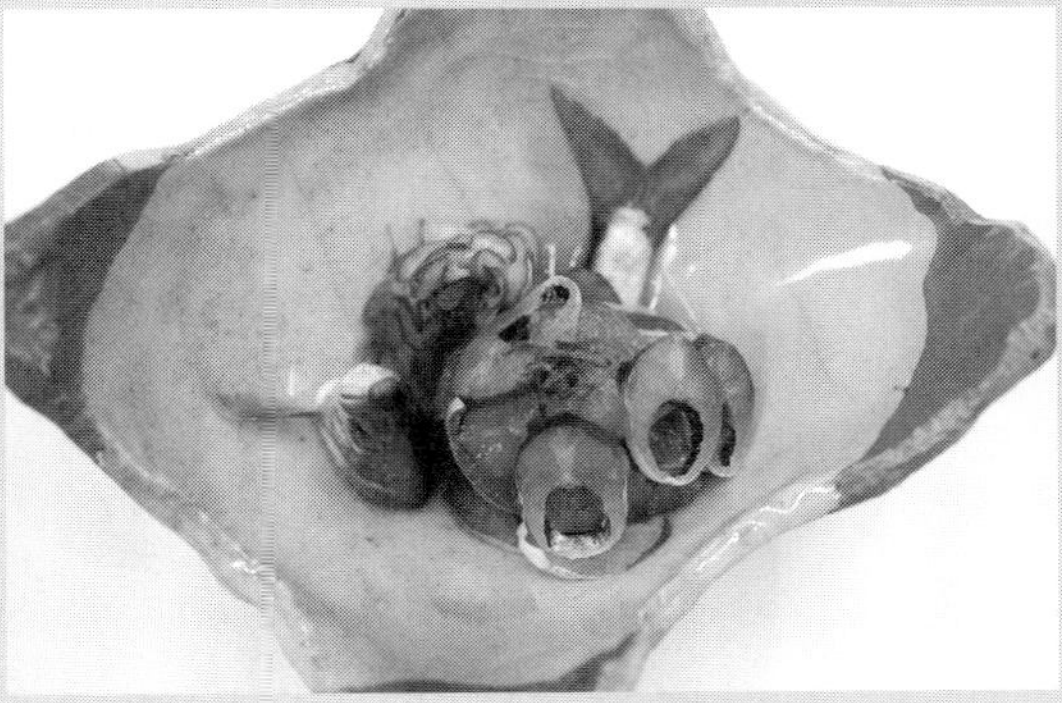

土佐酢で食べる背越し。骨を噛み砕くザクッという響きが快感を呼ぶ

《先付け（うるか、黒豆煮、黒豆ワイン）／背越し／洗い／塩焼き／味噌焼き／フライ（天婦羅）／赤出汁／鮎釜飯（鮎釜飯は鮎雑炊、鮎姿寿司に変更可）》。

まず、《背越し》である。これは土佐酢で食べる。ウロコを取り、背中から背骨ごと輪切りにしてある。骨を噛み砕くザクッという響きが快感を呼び、ダシがきいた土佐酢がアユの香りとまじりあい、軽快な風味を醸す。

次の《洗い》は魯山人が最も好んだアユ料理。角屋でもこの味にこだわり、「最初の2切れは塩で、後は酢味噌でお召し上がりください」という。削ぎ切りの身は、皮目を輝かせて反り返っている。生

魯山人が愛した洗いはコリコリした食感と香魚の甘みが噛むほどに広がる

「化粧塩はするな」の先代の教えどおり、打ち塩だけで焼いた塩焼き。アユ本来の味が引き立つ。自家栽培の紅タデの酢漬けは佳味

きアユに包丁を入れた証だろう。食感はコリコリ。爽淡な味が口中に広がり、噛み進むとやがてかすかな甘味がのぞいてくる。

アユ料理の定番《塩焼き》は、「化粧塩はするな」の先代の教え通り、打ち塩だけで焼いてある。だから、アユの端正な顔と、黄金色を放つのびやかな魚体が際立つ。口をカッと開き、背ビレが立っているのは生きアユに串を通したことを現わしている。タデ酢のタデは紅タデの酢漬け。「酢がまろやかになって、アユの香りが生きる」のだそうである。この紅タデは今は手に入りにくく、自宅栽培。こうして、慈しむように焼かれた香魚は、福々として、パサつかず、ベタつ

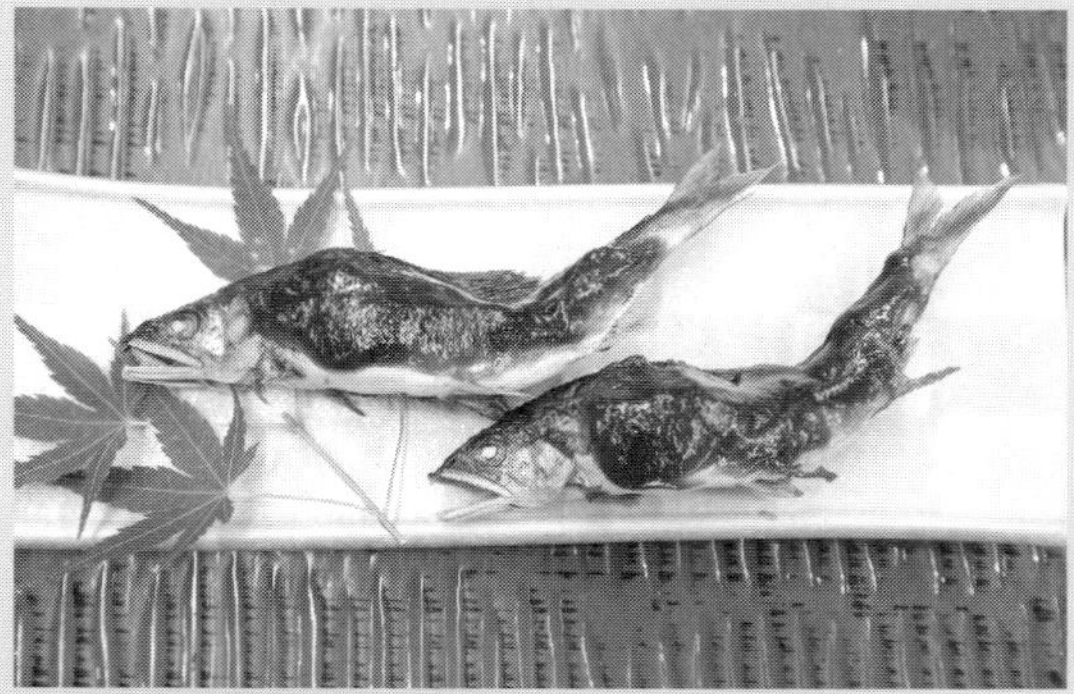

香ばしい味噌焼き

アユの釜めしはパッと香る釜の中で、やや小ぶりのアユが１尾、跳ねているような踊っているような姿でいる

かず、フワッとしていてコクがある。

そして香ばしい《味噌焼き》のあと、《鮎釜飯》のふたを開ける。パッと香る釜の中で、やや小ぶりのアユが1尾、跳ねているような踊っているような姿。薄味で、上品なアユの香りが口中に余韻を残す。これを、八丁味噌の《味噌汁》で胃袋へ流し込む。

「このコースは、釜飯を入れてトータル10尾程度のアユを使っており、お１人様８４００円です（※鮎姿寿司の場合は８８００円。いずれも消費税、サービス料別。令和6年現在）」

これで魯山人のアユ料理を体験できたと思えば、こんなに愉快なことはない。

あとがき

アユは釣って面白く、食べて美味しい。

昔は釣って面白ければそれで楽しかったが、老いという時間に背中を追いたてられるような年齢になると、釣ることよりも食べることにうるさくなる。若いころは、仕掛けがどうの、ハリがこうのと釣るための議論噴出だったのが、いまではそんなことよりも、もっぱら、釣ったアユをどう料理して食うか、どんな酒に合わせるかと、釣り気よりも食い気が優ってくるから不思議である。

そんな、私のアユへの歓心が釣り気から食い気への移行途上にあった2022年の秋から、釣り専門誌月刊『つり人』で本書の連載がはじまった。連載時のタイトルは「鮎の味」とそっけなかったが、単行本化にあたって『香り立つ究極の推しメニュー　文人・文士・食通が綴った絶品あゆ料理』となった。

連載当初、アユの味について言及した文人・文士・美食家たちは14、15人程度と見当をつけていたが、途中から単行本にしたらどうかという話が出て、それなら20編は必要ということで、都内の図書館をさ迷い歩いて資料を探し、何とか格好をつけることができた。

単行本化に当たっては、第1回の谷崎潤一郎から第20回の小泉武夫まで、連載順に並べた。また編集部の希望により、番外編として、別冊つり人『鮎釣り2023』に掲載した「北大路魯山人の挑戦　一路160里！京都・和知川〜東京『釣りアユ輸送』大作戦」と「魯山人が愛した！　幻の『和知アユ』を体験」の2編を加えて構成。

出版に際して改めて読み返すと、各所に至らない表現や誤字脱字、料理などの知識不足、不適格な抜粋箇所などが目立ち、できる範囲で加筆・訂正・修正したつもりだが、まだ直したりないところが多々あるように思う。取りあげさせていただいた美食の大家・先人・先達たちに申し訳ない思いでいっぱいである。

ただ、ご登場いただいた20人のうち19人は、すでに幽明境を異にしておられる。これは、若い人がアユの味と疎遠になっていることを示しているように思う。グルメブームといわれる昨今だが、この川魚の繊細優美にして爽淡な味わいは、ネット時代の舌にはそぐわないのだろうかと、ちょっと残念な気持ちである。

なお、出版に当たっては、連載のスタート時からお世話になった月刊『つり人』編集長の佐藤俊輔さん、つり人社書籍編集部の小野弘さん、およびデザイン・レイアウトを担当いただいた伊東とし江さん、そして墨絵風の味わい深いイラストを描いていただいた佐藤忠雄さんに、感謝の意を表します。

梅雨明けのころに　　著者しるす

著者プロフィール

世良 康（せら・やすし）

1948年生まれ。大学中退後、編集者、コピーライター、夕刊紙記者を経て、フリーライターに。釣り歴は43年。清流のアユやヤマベ釣り、渓流のヤマメやイワナ釣り、海では磯のメジナやボートでのシロギス釣りなどに親しむ。著書に『アユファイター10年戦記』、『アユが釣れる人、釣れない人』、『釣人かく語りき』、『釣り専門誌も太鼓判の極上グルメ旅　首都圏日帰り地魚食堂38選』、『釣りの名著50冊　古今東西の「水辺の哲学」を読み解く』、『続・釣りの名著50冊　古今東西の「水辺の哲学」を読み解く』など。村田春雄のペンネームで、釣り川柳集『17文字の釣り人生』をまとめる（以上、つり人社刊）。

※本書は月刊『つり人』連載「鮎の味―文人・文士・食通たちの香魚礼賛」（2022年11月号～2024年6月号。全20回）、別冊つり人『鮎釣り2023』「北大路魯山人の挑戦　一路160里！　京都・和知川～東京［釣りアユ輸送］大作戦」「魯山人が愛した！　幻の［和知アユ］を体験」に加筆・修正したものです。

香《かお》り立《た》つ究極《きゅうきょく》の推《お》しメニュー

文人《ぶんじん》・文士《ぶんし》・食通《しょくつう》が綴《つづ》った絶品《ぜっぴん》あゆ料理《りょうり》

2024年9月1日発行

著　者　世良　康
発行者　山根和明
発行所　株式会社つり人社

〒101－8408　東京都千代田区神田神保町１－30－13
TEL 03－3294－0781（営業部）
TEL 03－3294－0766（編集部）
印刷・製本　シナノ書籍印刷株式会社

乱丁、落丁などありましたらお取り替えいたします。

ISBN978-4-86447-741-3 C2075

つり人社ホームページ　https://tsuribito.co.jp
つり人オンライン https://web.tsuribito.co.jp
Japan Anglers Store　https://japananglersstore.com
つり人チャンネル（YouTube）　https://www.youtube.com/channel/UCOsyeHNb_Y2VOHqEiV-6dGQ